Microsoft ®

WORD 1/3

Roger Frans

OFFICE 2003

campinia media vzw

Frans, Roger – Word 2003 1/3 / Roger Frans;
Geel: Campinia Media vzw, 2004;
261 p; index; 25 cm; gelijmd.
ISBN: 90.356.1182.9; NUGI 854; UDC 681.3.06

Wettelijk depot België: D/2004/3941/6

Campinia Media vzw
Kleinhoefstraat 4
B – 2440 – GEEL (Belgium)

Tel.:   (+32) 014/59 09 59
Fax: (+32) 014/59 03 44
e-Mail: <info@campiniamedia.be>
URL: <www.campiniamedia.be>

Inleiding

Word 2003 1/3 is een cursus over het tekstverwerkingspakket Word van de firma Microsoft. Het tekstverwerkingspakket maakt deel uit van de bundel Microsoft Office 2003 waarin onder andere ook het rekenblad Excel en het presentatiepakket PowerPoint zitten.

Tekstverwerking is de toepassing die wellicht het meest gebruikt wordt op een personal computer. Er zijn heel wat verschillende tekstverwerkingsprogramma's. Zo is bv. WordPerfect van de firma Corel een ander tekstverwerkingspakket.

In deze cursus leren wij u werken met Word 2003. Aan de hand van concrete voorbeelden worden de mogelijkheden van Word bestudeerd. De cursus is een doe-cursus. Dat betekent dat u de cursus doorneemt terwijl aan de computer zit. U leert Word enkel door er mee te werken, niet door er naar te kijken of door er over te lezen.

Bij elk hoofdstuk zijn ook een aantal oefeningen voorzien. Maak ze! U verwerkt op die manier de leerstof die in de vorige hoofdstukken aan bod is gekomen.

Bij de cursus hoort een cd-rom. Op deze cd-rom staan een aantal voorbeelden en figuren die u nodig hebt om de cursus te kunnen doornemen. De bestanden bevinden zich in de map *Word2003_1_Vbn*. U kunt de map op de cd-rom best kopiëren naar de map *Mijn documenten* op uw harde schijf. Dat werkt het snelst. Op de cd-rom vindt u ook een document *Lees mij.doc*. Dit bestand bevat 'last minute' informatie. U kunt het lezen door te dubbelklikken op het bestand.

Word 2003 1/3 bevat de leerstof van de module *Tekstverwerking 1* zoals die vastgelegd is in het leerplan *Informatica-toepassingssoftware* voor het volwassenenonderwijs. De leerstof van de modules *Tekstverwerking 2* en *Tekstverwerking 3* vindt u in de delen *Word 2003 2/3* en *Word 2003 3/3*.

Deze cursus bevat ook alle items die moeten gekend zijn in het kader van de module *Tekstverwerken* van het ECDL-diploma.

Ik wens ten slotte een woord van dank uit te spreken aan éénieder die geholpen heeft bij het tot stand komen van deze cursus: aanreiken van voorbeelden, controleren van de cursustekst, figuren, ...

Ik hoop dat deze cursus u vertrouwd mag maken met Word 2003. Indien u opmerkingen hebt die een latere uitgave kunnen verbeteren, kunt u die steeds kwijt aan de auteur.

Roger FRANS
augustus 2004

Inhoudsopgave

1 Aangename kennismaking

1.1 Inleiding

Personal computers zijn niet meer weg te denken uit het hedendaagse kantoor. Ook thuis hebben de meeste mensen al een personal computer. Het bezit van een computer wordt een vanzelfsprekendheid, net zoals het bezit van een radio en een tv.

De toepassing die het meest gebruikt wordt op een personal computer, is ongetwijfeld **tekstverwerking**. We typen brieven met een computer, we maken rapporten of overzichtslijsten. Ook de uitnodigingen voor het feestje van dochter of zoon worden op de computer gemaakt. Het is *in* en vooral praktisch.

Een tekstverwerkingspakket, zoals Word 2003, laat u toe teksten te creëren. Dat kan echter met een eenvoudige schrijfmachine ook. Wat maakt een tekstverwerkingspakket op een computer dan zo bijzonder?

Tekstverwerking op een computer geeft u vele mogelijkheden om fouten te verbeteren, de schikking aan te passen, paragrafen te schrappen of te verplaatsen, ... U kunt uw teksten opfleuren met een afbeelding en u kunt meerdere lettertypes gebruiken. Al deze wijzigingen kunnen gebeuren op het scherm. Als het document klaar is, kan het worden afgedrukt.

Een document kan ook worden bewaard op de harde schijf van de computer of op een diskette. Zo kan het document later weer worden gebruikt. Er kunnen wijzigingen aangebracht worden. Een eerder gemaakt document kan dienen als basis voor een nieuw document, ...

1.2 Word 2003

Word is een tekstverwerkingspakket van de firma Microsoft. Microsoft is op dit moment het bekendste softwarehuis van de wereld. Windows, Excel, SQL Server, ... zijn ook producten van Microsoft.

De eerste versies van het tekstverwerkingspakket Word draaiden in de MS-DOS-omgeving. WordPerfect was toen in onze streken het meest succesvolle tekstverwerkingspakket. Met de komst van Windows als grafische schil rond MS-DOS is Microsoft meteen met een Windows-versie voor Word uitgekomen. In deze Windows-omgeving kreeg Word slechts later concurrentie van WordPerfect en Lotus Ami Pro. Word heeft echter de wereld veroverd.

Tekstverwerking met Word 2003 is meer dan alleen maar tekst verwerken. U kunt grafieken opnemen in uw documenten, geluidsfragmenten aan een document toevoegen, enz...

Word wordt meestal gekocht als onderdeel van Microsoft Office. Naast het tekstverwerkingsprogramma bevat Microsoft Office ook o.a. het elektronisch rekenblad Excel, het mailprogramma Outlook en het presentatieprogramma PowerPoint. Een pakket zoals Microsoft Office, waarin meerdere dagdagelijkse toepassingen zijn gebundeld, noemen we een **kantoorsuite**.

1.3 Afspraken

We gaan van start... In de volgende paragrafen en hoofdstukken leren we aan de hand van concrete voorbeelden Word gebruiken. We veronderstellen dat u de voorbeelden op de computer uitvoert.

De acties die u als gebruiker stapsgewijs moet volgen, worden als volgt genoteerd.

> ➢ U geeft uw wachtwoord in. Dit wachtwoord wordt niet op het scherm getoond. U krijgt enkel sterretjes (*) te zien. U klikt op de knop *OK* om te bevestigen.

Het pijltje geeft aan dat er iets van u verwacht wordt. Na het pijltje wordt omschreven wat u moet doen.

Nieuwe begrippen zijn **vet** gedrukt, namen van menukeuzen, knoppen, e.d. zijn *schuin* gedrukt. De verschillende menukeuzen zijn gescheiden door een slash-teken, bv. *Bestand / Openen*.

Indien u tekst letterlijk moet ingeven, wordt dit in een ander lettertype weergegeven: `Dit moet u letterlijk intypen`.

De bijgevoegde cd-rom bevat een map *Word2003_1_Vbn*. De map bevat bestanden die u nodig hebt om de voorbeelden in deze cursus te maken. U kopieert de map best naar uw harde schijf, bij voorkeur onder de map *Mijn documenten*.

1.4 Word starten

1.4.1 <u>Windows starten</u>

Word 2003 is een pakket dat draait onder Windows 2000 (met service pack 3 of hoger) of Windows XP. Wij gebruiken Word onder Windows XP. We gebruiken voor de schermafdrukken niet de typische look van Windows XP maar deze van Windows 2000. U kan deze bekomen door in Windows XP, als thema - bij de instellingen van uw beeldscherm - *Windows klassiek* te kiezen.

Indien u een andere versie van Windows gebruikt, is de werking analoog. Er kunnen kleine verschillen optreden in enkele schermafdrukken.

Het is dus nodig dat u eerst Windows XP opstart. Dat gebeurt als u de computer start.

1.4.2 <u>De Windows-omgeving</u>

In Windows komt u (wellicht) in het **startscherm** terecht. Vanuit het startscherm worden de toepassingen onder Windows gestart.

Het scherm ziet er bij u wellicht iets anders uit. Toch vindt u er alleszins de **Taakbalk** met de knop **Start** en een aantal pictogrammen.

Indien u een pakket onder Windows gebruikt, moet u de basisprincipes kennen van Windows. We veronderstellen dat u deze basisprincipes kent. Toch zullen we in deze cursus regelmatig de belangrijkste dingen kort uitleggen voor hen die nog niet echt vertrouwd zijn met deze omgeving. Indien u helemaal geen kennis hebt van Windows, raad ik u mijn boek *Windows XP – beginners* aan.

In Windows maakt u gebruik van een muis. Hiermee kunt u drie bewerkingen uitvoeren:

- **Klikken** betekent dat u op de linkermuisknop één maal drukt (klikt). U plaatst het pijltje van de muis (**muisaanwijzer** of **muiswijzer**) dat op het scherm verschijnt eerst op het onderwerp dat u wenst aan te klikken. Soms gebruikt u ook de rechtermuisknop. In dit geval vermelden we dit expliciet als *Klik rechts*.

- **Dubbelklikken** betekent dat u twee keer snel na elkaar op de linkermuisknop klikt. Beginnende gebruikers hebben het hier nogal eens lastig mee. Doe niet krampachtig... blijf rustig!

- **Slepen** betekent dat u de linkermuisknop indrukt en inhoudt. Daarna beweegt u de muis zodat de muiswijzer naar de juiste plaats op het scherm beweegt.

Linkshandigen kunnen Windows zo instellen dat de functies voor linker en rechtermuisknop worden omgedraaid (zie het boek *Windows XP – beginners*).

1.4.3 Word starten

Het starten van toepassingen gebeurt vanuit het startscherm. We geven hier de klassieke manier om het programma Word te starten.

> ➢ Klik op de knop *Start*. Een menu wordt geopend.
> ➢ Plaats de muiswijzer op *Alle programma's*. Er opent zich een tweede menu.
> ➢ Kies *Microsoft Office*.

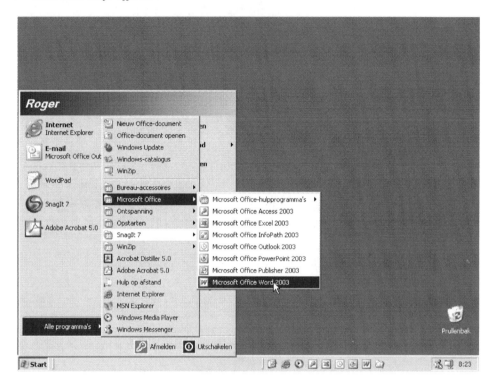

U merkt in dit menu o.a. de andere Office-pakketten zoals Microsoft Office Excel en Micro-soft Office PowerPoint.

> ➢ Klik nu op *Microsoft Office Word 2003*.

U krijgt - na een Copyright-melding - het beginscherm van Word (zie volgende figuur). Het kan zijn dat uw scherm er een klein beetje anders uit ziet. Dat is afhankelijk van de manier waarop u laatst met Word hebt gewerkt en van specifieke instellingen. Ook de schermresolu-tie kan bij u anders zijn.

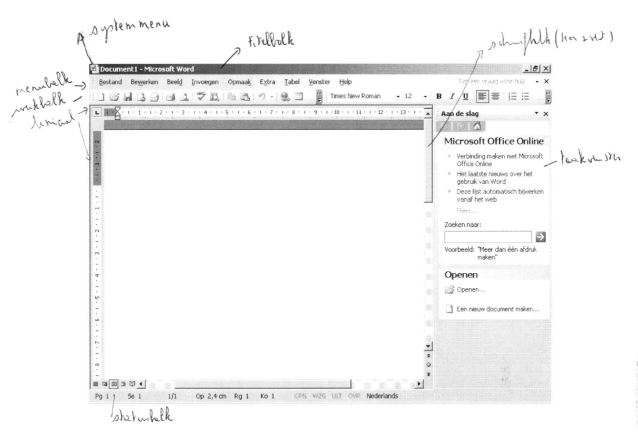

1.5 Het beginscherm

We overlopen de verschillende delen van het beginscherm.

1.5.1 Tekstgedeelte

Het grootste gedeelte van het scherm is leeg. Dit is de plaats waar u uw documenten kunt intypen. De positie waar u typt, wordt aangegeven door het knipperende streepje, de **cursor** of **invoegpositie** genoemd.

De muiswijzer kan verschillende vormen aannemen. Indien de muiswijzer gericht is op een balk of menu, neemt hij de vorm van een pijltje aan; indien hij zich in het tekstgedeelte bevindt, heeft hij de vorm van een hoofdletter I. Indien u het toetsenbord gebruikt, verdwijnt de muiswijzer. Hij verschijnt opnieuw als u de muis beweegt.

1.5.2 Titelbalk

Bovenaan vindt u de titelbalk. In de **titelbalk** ziet u de naam van de toepassing *Microsoft Word* en de naam van het document waarmee u werkt. Indien u Word start, hebt u het document nog geen naam gegeven. U krijgt dan enkel de vermelding *Document1*. Indien u in Word een brief aanmaakt of bezig bent met uw eindwerk of een uitnodiging voor een feestje of ... dan spreken we steeds van een **document.** Indien u een document met naam *Spreuken.doc* bewerkt, staat deze naam in de titelbalk vermeld.

In Word kunt u met verschillende documenten tegelijkertijd werken. U kunt ook eenzelfde document in verschillende vensters tonen. De verschillende vensters die horen bij een **toepassingsvenster** (bv. het toepassingsvenster Word) noemen we **documentvensters**.

Links in de titelbalk ziet u het pictogram **Systeemmenu**. Met deze knop kunt u Word bv. verlaten, het venster waarin Word draait, vergroten of verkleinen, ... U vindt een gelijkaardige knop in elke Windows toepassing. Hij biedt steeds dezelfde mogelijkheden. De meeste mensen gebruiken deze knop niet. Soms wordt de knop gebruikt om de toepassing te sluiten.

➥ Klik op het pictogram *Systeemmenu*. U krijgt volgend menu.

Om een menu te deactiveren, klikt u elders op het scherm. U kan ook twee keer op de Escapetoets drukken, één keer om het submenu te uit te schakelen en één keer om het hoofdmenu uit te schakelen.

➥ Klik ergens buiten het systeemmenu.

Rechts in de titelbalk kunnen een aantal knoppen voorkomen.

Indien u het venster van een programma wenst te sluiten zonder dat u het programma sluit, kunt u de knop **Minimaliseren** gebruiken. Het venster wordt in dit geval tot pictogram verkleind. Het pictogram wordt in de taakbalk opgenomen. De toepassing is in dit geval niet gesloten! Ze blijft nog actief.

Indien een venster gemaximaliseerd is, kunt u het vorige formaat terug instellen door op de knop **Verkleinen** (in andere Windows-versies ook wel **Volgende herstellen** of **Vorig formaat** genoemd) te klikken.

Indien een venster slechts een gedeelte van het scherm in beslag neemt, kan u het venster over het volledige scherm laten zien door op de knop **Maximaliseren** te klikken. Als Word reeds het ganse scherm inneemt, krijgt u deze knop niet te zien.

De knop **Sluiten** laat u toe een programma af te sluiten.

Het handigst is dat u Word het ganse scherm laat innemen.

➥ Indien bij u Word het ganse scherm niet inneemt, klikt u op de knop *Maximaliseren*.

1.5.3 Menubalk

In de menubalk krijgt u een aantal menukeuzes. U kunt deze activeren zoals u dat in Windows doet. Om het menu *Bestand* te openen, klikken we op de menukeuze *Bestand*. U kunt ook de toetsencombinatie Alt+B gebruiken (B is de letter die onderstreept is).

➥ Kies *Bestand*.

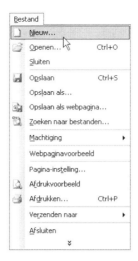

Word 2003 maakt gebruik van dynamische menu's. Dit betekent dat u in eerste instantie niet alle menukeuzen krijgt. Als u even wacht, worden de overige menukeuzen getoond. U kan ook klikken op de dubbele neerwaartse pijl, onderaan in het menu. Indien u toch steeds alle menukeuzen wenst te zien, kan u dat instellen. We leren in dit hoofdstuk hoe u dit doet. In de schermafdrukken in deze cursus zullen we steeds alle menukeuzen laten zien.

U merkt dat achter verschillende menu-items een toets of toetsencombinatie is vermeld. U kan de acties die achter deze menu-items schuilen ook oproepen met deze toetsen. We noemen dit **sneltoetsen**. In plaats van de menukeuzen *Bestand / Nieuw* te maken, kan u dus ook de snel-toets Ctrl+N gebruiken. U drukt dus op de toets N terwijl u de Ctrl-toets inhoudt.

Voor een aantal menukeuzen staan pictogrammen. Ze geven de overeenkomstige knop op een werkbalk weer.

Een menu-item uit het menu *Bestand*, kiest u door te klikken op het menu-item. U kan ook de toets van de letter die onderstreept is, indrukken. U moet de toets in dit geval niet combineren met de Alt-toets.

> Kies *Openen*.

M.b.v. de menukeuze *Openen* opent u een bestaand document. U krijgt een **dialoogvenster** waarin u de naam van dit document kan opgeven. We doen dit voorlopig niet. We onderbre-ken de actie.

> Klik op de knop *Annuleren* om de actie te onderbreken en het dialoogvenster te sluiten.

De knop *Annuleren* is in bijna elk dialoogvenster opgenomen. U kunt daarmee de gekozen actie alsnog onderbreken en terugkeren naar een vorig scherm. Hetzelfde effect bekomt u door op de Escape-toets te drukken.

1.5.4 De werkbalk Standaard

Word heeft verschillende werkbalken. Een werkbalk bevat een reeks kleine knoppen. Achter de knoppen schuilen menukeuzen. Het is sneller om een functie met een enkele klik op een knop van een werkbalk te activeren dan enkele menukeuzen te moeten openen.

Standaard vindt u de werkbalk *Standaard* en de werkbalk *Opmaak* op het scherm. Als u Word pas hebt geïnstalleerd staan de twee werkbalken naast elkaar.

De **werkbalk Standaard** ziet er als volgt uit.

Indien u bv. op de eerste knop klikt (met als symbool een nieuw blad), wordt een nieuw documentvenster geopend. Dezelfde actie verkrijgt u m.b.v. de menukeuzen *Bestand / Nieuw*.

Word bezit verschillende werkbalken die u kunt in- of uitschakelen. Dit doet u m.b.v. de menukeuze *Beeld / Werkbalken*.

➢ Kies *Beeld / Werkbalken*.

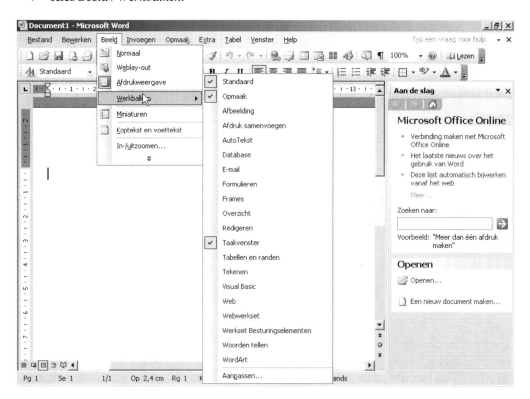

In het submenu merkt u een aantal werkbalken. Niet alle werkbalken zijn hier echter zichtbaar. Als u de menukeuze *Aanpassen* kiest, krijgt u alle werkbalken. Ook is het mogelijk om nieuwe balken aan te maken of bestaande balken te wijzigen.

➢ Kies *Aanpassen*.

U merkt in dit venster drie **tabbladen** *Werkbalken*, *Opdrachten* en *Opties*. Een tabblad kan geselecteerd worden door te klikken op het zichtbare stukje ervan, de **tab**. Elk tabblad bevat een aantal mogelijkheden.

➢ Indien het tabblad *Werkbalken* niet zichtbaar is, selecteert u het tabblad *Werkbalken*. Dat doet u door op het tabje *Werkbalken* te klikken.

In het tabblad *Werkbalken* merkt u dat ook het menu *Menubalk* voorkomt. In feite is er – in functie – geen verschil tussen een menubalk en een werkbalk. De werkbalken *Standaard* en *Opmaak* en de menubalk zijn geselecteerd. Een werkbalk is geselecteerd indien er een vinkje staat in het vierkantje voor de werkbalk. De vierkantjes noemen we **aankruisvakjes** of **selectievakjes**.

➢ Selecteer het tabblad *Opties*.

De eerste optie *Standaard- en opmaakwerkbalk weergeven in één rij* geeft u de mogelijkheid om de werkbalk *Standaard* en *Opmaak* al of niet achter elkaar te plaatsen. Als de optie uitgeschakeld is, worden de werkbalken achter elkaar geplaatst. Dat willen wij niet. We willen voor elke werkbalk een andere rij.

> Schakel de optie *Standaard- en opmaakwerkbalk weergeven in één rij* in.

Met de tweede optie bepaalt u of u enkel de laatst gebruikte opdrachten in de menu's wenst te zien of dat u alle opdrachten wenst te zien. In de schermafdrukken van deze cursus gaan we ervan uit dat u alle menukeuzen ziet.

> Schakel de optie *Altijd volledige menu's weergeven* in.

De knoppen van de balk kunt u groter weergeven. Dit doet u door de optie *Grote pictogrammen* te selecteren.

Indien Word u een lijst toont met lettertypen, kan u de naam van het geselecteerde lettertype ook weergeven in dat lettertype. U selecteert in dat geval *Naam van lettertypen weergeven in eigen lettertype*. Standaard is dit zo.

Indien u de muiswijzer op een knop plaatst, geeft Word u de functie van de knop in een klein kadertje onder de knop, indien u de optie *Scherminfo weergeven op werkbalken* inschakelt. Standaard is dit zo.

Indien u ook de sneltoetsen (zoals bij een menukeuze) wenst weer te geven bij *Scherminfo* schakelt u de optie *Sneltoetsen weergeven in Scherminfo* in. Deze optie is standaard uitgeschakeld.

In de **keuzelijst** *Menuanimaties* kunt u een bepaald effect toevoegen aan de manier waarop de menu's moeten geopend worden. Even is dit plezant maar het begint snel te vervelen.

> Selecteer het tabblad *Werkbalken* opnieuw.

We schakelen de werkbalk *Standaard* uit. Daartoe klikken we in het vakje naast *Standaard*. Het vinkje verdwijnt.

> Schakel de werkbalk *Standaard* uit en klik op de knop *Sluiten*.

U komt terug in het document terecht. De werkbalk *Standaard* is verdwenen. We herstellen de oorspronkelijke situatie. Vermits de werkbalk *Standaard* voorkomt als menu-item, hoeven we het dialoogvenster niet te openen.

> Kies *Beeld / Werkbalken / Standaard*.

U kunt een werkbalk ook naar een andere positie slepen. Daartoe klikt u links in de werkbalk op de verticale streep en sleept u de werkbalk naar het document toe. U krijgt een zwevende werkbalk.

> Sleep de werkbalk *Standaard* naar het document toe.

> Om de werkbalk opnieuw bovenaan het scherm te plaatsen, dubbelklikt u op de titelbalk van de werkbalk.

De verschillende knoppen in de balk *Standaard* zullen in de loop van de cursus verduidelijkt worden. We plaatsen de invoegpositie op het symbool voor een nieuwe werkmap om de optie *Scherminfo* te verduidelijken.

> Plaats de muiswijzer op het symbool voor een nieuw document.

In een kadertje eronder verschijnt nu de functie van de knop: *Nieuw leeg document*.

1.5.5 De werkbalk Opmaak

De tweede werkbalk die u standaard ziet, is de werkbalk *Opmaak*.

De tweede knop vanaf links geeft u een keuzelijst met opmaakprofielen. Een **opmaakprofiel** geeft u de mogelijkheid om meerdere instellingen m.b.t. de lay-out van een deel van een tekst, te groeperen en in één keer toe te passen. Zo kunt u bv. de basistekst in het opmaakprofiel *Standaard* plaatsen (wat de standaardwaarde is) en de titel van een document in het opmaak-profiel *Kop 1*. De verschillende opmaakprofielen kunt u zelfs aanpassen. We hebben dit voor het maken van deze cursus gedaan. We gaan er hier niet op in.

Rechts van de opmaakprofielen, krijgt u het **lettertype** waarin u werkt. In de figuur merkt u dat het geselecteerde lettertype *Times New Roman* is. Naast het lettertype krijgt u ook de **tekengrootte**. Word neemt standaard – na de installatie van Word - als tekengrootte 12 pun-ten. U kunt dit steeds veranderen. Op lettertypes en -groottes komen we later in deze cursus nog uitgebreid terug.

Voor de opmaakprofielen, lettertypes en tekengroottes zijn **keuzelijsten** voorzien. Om een andere waarde te kiezen, klikt u op de pijl naast het vak. We illustreren dit.

> Klik op de pijl naast het vak *Tekengrootte*.
> Selecteer de tekengrootte *10*.

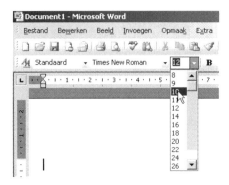

Merk op dat u in de keuzelijst *Opmaakprofiel* de notering *Standaard + 10* krijgt. U gebruikt het opmaakprofiel *Standaard* maar u hebt een wijziging aangebracht in de tekengrootte.

> ➤ Herstel nu de oorspronkelijke situatie door opnieuw de tekengrootte 12 te selecteren.

1.5.6 De liniaal

Onder de opmaakbalk bevindt zich de liniaal. U kunt de liniaal in- of uitschakelen m.b.v. de menukeuzen *Beeld / Liniaal*. De liniaal geeft u een snelle manier om alinea-inspringingen te wijzigen, marges aan te passen, de breedte van tekstkolommen en tabelkolommen te wijzigen en tabstops in te stellen. U maakt hiervoor gebruik van de muis. We leren in een later hoofdstuk hoe we dit doen.

Als de liniaal bij u niet zichtbaar is, kunt u deze als volgt op het scherm verkrijgen:

> ➤ Kies *Beeld.*
> ➤ Voor de menukeuze *Liniaal* staat een vinkje (√) als de liniaal geselecteerd is; anders staat er niets. Als de liniaal niet geselecteerd is, klikt u de menukeuze aan.

1.5.7 De statusbalk

De statusbalk bevindt zich onderaan het Word-venster en bevat informatie en berichten die het gebruik van het programma vergemakkelijken.

Op deze balk wordt bijvoorbeeld aangegeven waar de invoegpositie zich bevindt, welk deel van het document u op het scherm ziet, en of bepaalde modi zijn geactiveerd. U vindt volgende informatie op de statusbalk

Item	Beschrijving
Pg 1	De tekst die u ziet, bevindt zich op de logische pagina 1. Een logisch paginanummer is het nummer dat u toekent. U kunt een document immers met paginanummer 5 laten starten.
Se 5	De tekst die u ziet, bevindt zich in sectie 5. Een document kan uit meerdere secties of delen bestaan.
29/58	Het aantal pagina's vanaf het begin van het document tot aan de pagina die u op het scherm ziet (29), en het totale aantal pagina's in het document (58). Hier worden de fysische paginanummers weergegeven.
Op 5,5 cm	De verticale afstand tussen de invoegpositie en de bovenrand van de pagina. Deze informatie wordt weergegeven als de tekst met de invoegpositie zichtbaar is.
Rg 12	Het aantal regels vanaf de bovenkant van de pagina tot aan de invoegpositie. Deze informatie wordt weergegeven als de tekst met de invoegpositie zichtbaar is.
Ko 46	Het aantal tekens vanaf de linkermarge tot aan de invoegpositie, inclusief spaties en tabtekens. Deze informatie wordt weergegeven als de tekst met de invoegpositie zichtbaar is.
OPN	De macrorecorder is actief, zodat u een macro kunt opnemen. We komen hierop terug in het deel *Word 2003 3/3*.
WZG	De **wijzigingsmarkering** wordt ingeschakeld. Dit betekent dat de wijzigingen die u aan een tekst aanbrengt zichtbaar zijn. We komen hierop terug in het deel *Word 2003 3/3*.
UIT	De modus *Selectie uitbreiden* is actief (u activeert deze modus door op F8 te drukken). We komen er later in deze cursus op terug.
OVR	De **overschrijfmodus** is actief. Indien u zich in overschrijfmodus bevindt, overschrijft u tekens. Indien de muiswijzer zich bevindt op de i van het woord 'Dit' en u typt de letter a, dan krijgt u 'Dat'. Indien de modus niet actief is, bevindt u zich in **invoegmodus**. Indien de cursor zich dan op de letter i bevindt van het woord 'Dit' en u drukt op de letter a, dan krijgt u 'Dait'. Het wisselen tussen overschrijfmodus en invoegmodus gebeurt door te dubbelklikken op deze aanduiding of m.b.v. de Insert-toets.
Nederlands	De taal waarin het woord is opgesteld. U stelt een taal in als standaard maar u kan voor bepaalde woorden of alinea's een andere taal selecteren.
▯▨	Tijdens de spelling- en grammaticacontrole door Word, wordt er een bewegende pen op een boek weergegeven. Als u de spelling- en grammaticacontrole tijdens het typen af zet (een optie van Word), wordt een vinkje weergegeven op het boek als er geen fouten voorkomen. Als er een fout is gevonden, wordt hier een 'X' weergegeven. Dubbelklik op dit pictogram als u de fout wilt verbeteren.
💾	Als er een knipperend schijfpictogram wordt weergegeven, is Word bezig het document op de achtergrond op te slaan terwijl u aan het document werkt.

Item	Beschrijving
🖶	Als er een printerpictogram wordt weergegeven, wordt het document op de achtergrond afgedrukt terwijl u aan het werk bent. Het getal naast het printerpictogram geeft het paginanummer weer van de pagina die op dat moment wordt afgedrukt. Dubbelklik op het printerpictogram als u de printopdracht wilt annuleren.

Op de statusbalk komen ook af en toe berichten waarvan de inhoud afhankelijk is van hetgeen waarmee u bezig bent.

1.5.8   Schuifbalken

De schuifbalken rechts en onderaan het scherm laten u toe het beeld dat u ziet naar onder of boven (de rechter balk) of naar links of rechts (de onderste balk) te verplaatsen.

Vooral de verticale schuifbalk zal u frequent gebruiken. Een tekst zal immers meestal niet op het scherm passen. U kunt de schuifbalken op meerdere manieren gebruiken. U kunt klikken op één van de pijltjes bovenaan of onderaan de balk of u kunt het rechthoekige blokje in de balk naar een andere positie slepen.

De schuifbalk stelt steeds de totale inhoud van het document voor. Door met de muis de schuifknop te verplaatsen, krijgt u een ander stuk tekst uit het document te zien. Indien uw document 10 bladzijden lang is en u wenst de 5de bladzijde te zien, dan moet u de schuifknop ongeveer in het midden plaatsen.

Er zijn nog andere manieren om te bewegen in een document. We komen er in dit hoofdstuk nog uitgebreid op terug.

1.5.9   Snelmenu's

Met de rechtermuisknop kan u een **snelmenu** oproepen. De menukeuzen in een snelmenu zijn afhankelijk van de plaats waar u het snelmenu oproept. We illustreren dit.

> ➢ Klik rechts op een werkbalk.

U krijgt een lijst met de verschillende werkbalken. Ook hier kan u een werkbalk in- of uitschakelen.

➢ Klik rechts op een leeg wit gedeelte waar we tekst kunnen ingeven. We krijgen hier een totaal ander menu.

1.5.10 Taakvenster

Indien u Word start, verschijnt standaard een **taakvenster** aan de rechterkant van het toepassingsvenster. De informatie die u verkrijgt in het taakvenster is afhankelijk van de actie die u onderneemt in Word. Indien u Word opent, krijgt u het taakvenster *Aan de slag*.

Dit taakvenster bevat twee hoofdcategorieën van taken.

- Microsoft Office Online
  U kan verbinding maken met *Microsoft Office Online*. Dat is een website met allerlei informatie m.b.t. Microsoft Office. U vindt er ook heel wat figuren en animaties die u kan opnemen in uw documenten.

  U kan Word configureren zodanig dat er periodiek hyperlinks van Microsoft Office Online worden gedownload naar uw computer. Dat kan natuurlijk enkel maar indien u een verbinding hebt met het internet. De hyperlinks bevatten koppelingen naar helponderwerpen van Word.

  U kan in het tekstvak *Zoeken naar* één of meerdere woorden intypen over een onderwerp waarover u informatie zoekt op het internet.

- Openen
  In de categorie *Openen* krijgt u een lijst met recent geopende documenten. Indien u Word pas hebt geïnstalleerd, staan er natuurlijk geen documenten. Dat is bv. het geval in de bovenstaande schermafdruk. U kan een nieuw document openen als u klikt op de hyperlink *Een nieuw document maken*. U kan een bestaand document openen als u op de knop *Openen* klikt. Indien u al documenten hebt gemaakt, wijzigt deze hyperlink in de naam *Meer*.

U kan een ander taakvenster openen door een taakvenster te selecteren uit de lijst *Andere taakvensters*.

```
Aan de slag                    ▼
```

➢ Kies het taakvenster *Nieuw document* uit de keuzelijst.

U krijgt een ander taakvenster.

U kan steeds terugkeren naar het taakvenster *Aan de slag* door op de knop *Introductiepagina*, bovenaan in het taakvenster, te klikken.

➢ Klik op de kop *Introductiepagina* in het taakvenster.

U kan een taakvenster sluiten door op de knop *Sluiten* die zich rechts in de titelbalk van het taakvenster bevindt, te klikken.

➢ Klik op de knop *Sluiten* in het taakvenster.

We leren de mogelijkheden van deze taakvensters stapsgewijs kennen. U kan het taakvenster verbergen of weergeven met de menukeuze *Beeld / Taakvenster*.

➢ Kies *Beeld / Taakvenster* om het taakvenster te tonen.
➢ Kies opnieuw *Beeld / Taakvenster* om het taakvenster te verbergen.

1.6   Een eerste tekst maken

We maken nu een eenvoudige tekst. Op het einde van een regel drukt u niet op de Enter-toets. Word deelt zijn regels zelf in. Een woord dat niet meer op de regel kan, wordt gesplitst of wordt naar de volgende regel gebracht. Dit principe noemen we **wrap around** (zie volgende figuur).

In Word hebt u meerdere schermweergaven van een document. De twee belangrijkste weergaven zijn de *Normale weergave* en de *Afdrukweergave*. U kunt wisselen tussen de twee weergaven m.b.v. de menukeuzen *Beeld / Normaal* en *Beeld / Afdrukweergave*. De normale weergave werkt het snelst. U ziet echter niet de witruimte bovenaan en onderaan het blad, de kop- en voetteksten, ... De afdrukweergave geeft een betere weergave van de lay-out. Word werkt echter trager in deze weergave. We gaan er in deze cursus meestal vanuit dat u zich bevindt in afdrukweergave, tenzij het expliciet anders wordt vermeld.

U kunt ook wisselen tussen de weergaven m.b.v. de pictogrammen links van de horizontale schuifbalk. We komen op de weergaven nog terug.

➢ Kies *Beeld / Afdrukweergave* indien het document zich niet in afdrukweergave bevindt.

➢ Typ de volgende tekst in: `Een muis is een invoerapparaat dat onmisbaar is geworden in Windows. De positie van de muis wordt op het scherm met een blokje of pijltje weergegeven. We spreken van de muiswijzer. Indien u de muis beweegt, verandert de positie van de muiswijzer. Met de knoppen op een muis kan u delen op het scherm aanklikken of verslepen.`

➢ U drukt op de Enter-toets.

Indien u een fout maakt tijdens het intypen van de tekst, kunt u gebruik maken van de Backspace-toets (om het vorige karakter te wissen) of de Delete-toets (om het karakter op de invoegpositie te wissen).

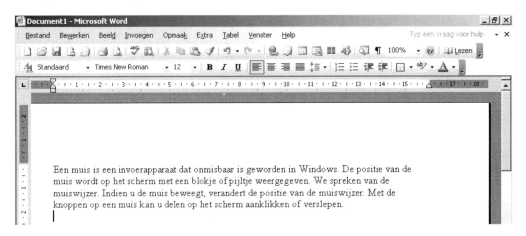

Misschien zijn sommige woorden met een rood golflijntje onderstreept. Deze woorden vindt Word niet terug in zijn woordenboeken. Wellicht hebt u dan een typefout gemaakt. We komen er later op terug. Het kan ook zijn dat er woorden zijn die onderstreept zijn met een groen golflijntje. Word denkt dat u hier een grammaticale fout maakt.

1.7 Een bestand opslaan

We hebben een document aangemaakt. Dit document bevindt zich in het interne geheugen van de computer. Als we de computer afzetten, zijn we het kwijt. We willen het document bewaren op schijf zodat we het later opnieuw kunnen gebruiken. Dat doen we op de manier die eigen is aan alle Windows-toepassingen.

➢ Kies *Bestand / Opslaan*. U krijgt nu het volgende dialoogvenster.

In dit venster hebt u een aantal mogelijkheden. We verklaren eerst enkele begrippen.

1.7.1   Directory of map

Bestanden bewaart u op een harde schijf, een Zip-schijf, een diskette, … Indien u op een schijf alle bestanden bij elkaar zou plaatsen, zou dit onoverzichtelijk worden. Daarom worden schijven opgedeeld in directory's of mappen. Een **directory** of **map** is een onderverdeling die u aanmaakt op een schijf. In een map kan u documenten plaatsen, bv. documenten die u aanmaakt in Word. Een map kan u op zijn beurt onderverdelen in andere mappen.

We maken een kleine vergelijking. Een bureaukast bevat een aantal schuiven. Dit betekent dat de kast onderverdeeld wordt in een aantal afzonderlijke stukken (schuiven). Op die manier kunnen we ons materiaal beter ordenen. In deze schuiven komen eventueel nog hangmappen om nog tot een fijnere en meer overzichtelijkere verdeling te komen.

Bij schijven is het net zo. Om een beetje orde te houden in de verschillende bestanden, moeten we ze groeperen. Dat doen we in mappen. Deze mappen (te vergelijken met schuiven) zijn dus submappen van de **hoofdmap** (te vergelijken met de kast). De submappen kunnen op hun beurt onderverdeeld worden in andere submappen.

De begrippen map en submap worden vaak door elkaar gebruikt.

Bovenaan in het dialoogvenster vindt u de map waarvan Word de inhoud toont. In de grote witte rechthoek komen de bestanden die zich in deze map bevinden. In de figuur ziet u dat de map *Mijn documenten* geopend is. Dat is de standaardinstelling van Word. We kunnen de map wijzigen door in deze keuzelijst een andere map te selecteren.

U kan ook een andere map kiezen door op één van de pictogrammen links in het venster, in de balk **Mijn locaties**, te klikken. De pictogrammen *Onlangs geopend, Bureaublad, Mijn documenten, Mijn computer*, enz. hebben allemaal een bepaalde betekenis in Windows. Zo bevat de map *Onlangs geopend* de documenten waaraan u recent hebt gewerkt.

1.7.2 Bestandsnaam

Onderaan kunt u de naam van het bestand invullen. In MS-DOS mag de naam van een bestand maximum 8 karakters lang zijn, gevolgd door een punt en een extensie van 3 karakters. In Windows en ook in Word 2003 mag de naam van een document veel langer zijn (255 karakters). Word geeft een document bovendien de extensie DOC (Document). Indien we het bestand de naam H01VB01 geven, zal Word het bestand op schijf bewaren als H01VB01.DOC.

1.7.3 Opslaan als

Een document bewaart u meestal als een Word-document. Dat betekent dat u het document opmaakt op een manier die eigen is aan Word. U kan een document echter ook opslaan als webpagina of met een opmaak van een ander tekstverwerkingsprogramma (bv. WordPerfect). U kiest het formaat in de keuzelijst *Opslaan als*. In het deel *Word 2003 3/3* behandelen we dit in detail.

1.7.4 Plaats opgeven

U moet dus de plaats opgeven waar u het bestand wenst te bewaren. Voor de voorbeelden en oefeningen van deze cursus maken we een map *Word2003_1* aan. We maken eerst de nieuwe map aan.

 Vanuit het dialoogvenster *Opslaan als* kan u een nieuwe map maken m.b.v. het pictogram *Nieuwe map maken*.

➢ Klik op de knop *Nieuwe map maken*

➢ Typ `Word2003_1` en klik op de knop *OK*.

Onmiddellijk wordt de map *Word2003_1* geopend. U kan nu een naam ingeven voor het document.

➢ Typ `H01VB01` in het tekstvenster *Bestandsnaam*. U voegt dus de extensie *doc* niet toe!
➢ Indien u nog niet op de Enter-toets hebt gedrukt na het ingeven van de naam van het document, klikt u op *Opslaan*.

Het drukken op de Enter-toets activeert de knop die op het scherm geaccentueerd is. We noemen dit de **standaardknop**.

We komen terug in het documentvenster terecht. De naam van het bestand, H01VB01.DOC, is nu opgenomen in de titelbalk. Het kan zijn dat de extensie DOC bij u niet is te zien. Dit is afhankelijk van een instelling in Windows.

Een document opslaan kunnen we ook door te klikken op het pictogram *Opslaan* in de werk-balk *Standaard*. We raden u aan om uw document regelmatig op te slaan... als u een kop koffie gaat drinken, als u even de benen strekt, ... Het is frustrerend om uw werk te verlie-zen... ook al was dat misschien maar een kwartiertje.

1.8 Een document sluiten

Het document H01VB01.DOC is afgewerkt. We wensen dit document te sluiten. We gaan als volgt tewerk.

➢ Kies *Bestand / Sluiten*.

Indien de tekst ondertussen nog is veranderd, vraagt Word of u de tekst wenst te bewaren.

We krijgen een leeg scherm. Er is zelfs geen leeg document meer beschikbaar. In het menu bovenaan krijgt u nog slechts een beperkt aantal mogelijkheden.

1.9 Een nieuw document maken

Als we een nieuw document wensen te openen, kunnen we dit via de menukeuzen *Bestand / Nieuw*.

➢ Kies *Bestand / Nieuw*.

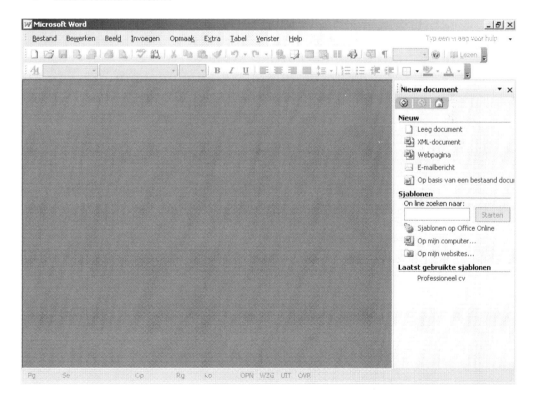

U krijgt een taakvenster rechts in het toepassingsvenster. Indien u een nieuw document wenst aan te maken, vertrekt u steeds van een bepaald basisdocument. In dit basisdocument of **sjabloon** zijn reeds een aantal instellingen voorzien (bv. de marges, de tekengrootte). Het is zelfs mogelijk dat in een sjabloon al tekst is ingegeven.

Bovenaan in het taakvenster ziet u een aantal sjablonen: *Leeg document, XML-document, Webpagina, ...* Dit zijn echter maar enkele van de beschikbare sjablonen. Bij de installatie van Word is een aantal sjablonen geïnstalleerd maar er zijn ook sjablonen op het internet beschikbaar.

De sjablonen die bij de installatie van Word geïnstalleerd worden, zijn ingedeeld in een aantal categorieën. U krijgt deze categorieën als u klikt op de **link** *Op mijn computer*. Indien u met de muiswijzer op de tekst *Op mijn computer* staat, wordt de tekst onderlijnd en wijzigt de muiswijzer in een handje. Dit is typisch voor een link. Als u klikt op een link wordt er een bepaalde actie uitgevoerd.

➢ Klik op de link *Op mijn computer*.

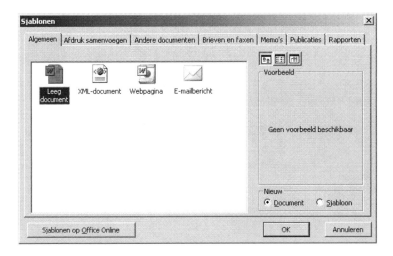

In elk tabblad vindt u een andere categorie.

In het tabblad *Algemeen* ziet u in de figuur de sjablonen: *Leeg document, XML-document, Webpagina* en *E-mailbericht*.

Er zijn eigenlijk drie soorten sjablonen in Word:

Normal.dot	De sjabloon *Normal.dot* is de sjabloon die gebruikt wordt als u Word start. U krijgt dan nl. een documentvenster dat al een aantal basisinstellingen bevat. U vindt de sjabloon onder de naam *Leeg document* in het tabblad *Algemeen*.
Speciale sjablonen	In de verschillende tabbladen ziet u sjablonen met de namen *Eigentijdse brief, Elegante fax, ...* Dit zijn sjablonen waarin andere instellingen worden gebruikt of waarin reeds tekst is toegevoegd. Zo bevat *Professionele brief* reeds een aantal vaste gegevens die op een brief komen.

Sjabloon-wizards	M.b.v. een **wizard** (tovenaar) kunt u in Word een document op- bouwen. Word vraagt bij *Wizard Brief* bv. of u een zakelijke brief of een persoonlijke brief wenst op te stellen, of u een datum wenst op te nemen, welke stijl u wenst voor de brief, ... U herkent de wizards aan de toverstokjes die in het pictogram van de sjablonen zijn opgeno- men.

De sjablonen worden op de harde schijf bewaard in een map *Sjablonen*. In Windows XP worden de sjablonen per gebruiker bewaard. Het is een submap van *Application Data\Microsoft*. Indien u een eigen sjabloon wenst toe te voegen, kopieert u dit onder deze map.

Het zou ons te ver leiden om hier in detail in te gaan op de verschillende mogelijkheden van sjablonen. Het onderwerp komt ruim aan bod in *Word 2003 2/3*.

➢ We selecteren de sjabloon *Normal.dot* door te dubbelklikken op *Leeg document* in het tabblad *Algemeen*.

U krijgt nu een nieuw document. Het scherm ziet er precies uit zoals bij het opstarten van Word. Dan wordt immers ook de sjabloon *Normal.dot* geladen. U kunt nu een nieuwe tekst intypen. In dit geval wensen we dit niet.

➢ Kies *Bestand / Sluiten*.

1.10   Een bestand openen

1.10.1   Via het menu

Indien we een eerder gemaakt document opnieuw in het geheugen van de computer wensen te brengen, kunnen we dit als volgt.

➢ Kies *Bestand / Openen*.

U krijgt nu het dialoogvenster *Openen*. De meeste opties zijn dezelfde als bij het bewaren van een bestand. We moeten aangeven welk bestand we wensen in te laden. Eventueel moeten we weer het juiste station en de juiste map kiezen.

In de keuzelijst *Zoeken in* staat normaal al de juiste map. Word keert immers steeds terug naar de map waarin u het laatst hebt gewerkt (binnen eenzelfde werksessie in Word).

In het grote kader vindt u nu de naam H01VB01.DOC terug. U brengt dit bestand in het ge- heugen van de computer door erop te dubbelklikken of door het bestand te selecteren en op de knop *Openen* te drukken.

➢ Selecteer *H01VB01.DOC* en klik op *Openen*.

De tekst die u eerder hebt ingetypt, verschijnt opnieuw.

1.10.2 Laatst bewerkte bestanden

De laatste vier bestanden waaraan u gewerkt hebt, kunt u nog op een andere manier terug oproepen. Word toont deze immers rechtstreeks onder het menu *Bestand*. Ook in het taakvenster neemt Word verwijzingen naar deze bestanden op. We maken eerst het documentvenster weer leeg.

> ➢ Kies *Bestand / Sluiten.*
> ➢ Kies opnieuw *Bestand.*

U merkt onderaan in het menu de naam van het bestand H01VB01.DOC. U laadt het bestand in het geheugen door erop te klikken.

> ➢ Klik op de naam van het document *H01VB01.DOC.*

 U kunt een bestand ook openen door op het pictogram *Openen* uit de standaardbalk te klikken.

1.11 Bewerken van tekst

Een bestaande tekst kunnen we uiteraard nog wijzigen. We voegen bv. wat tekst bij. We zorgen ervoor dat de cursor aan het einde van het document staat. Dit doen we door de toetsencombinatie Ctrl+End te gebruiken. Een toetsencombinatie zoals Ctrl+End geeft u als volgt op. U drukt op de Ctrl-toets en u houdt deze in. Daarna drukt u op de End-toets en u laat daarna ook de Ctrl-toets los. Daarna typen we de gewenste tekst in. We laten één regel tussen.

> ➢ Druk op de toetsencombinatie Ctrl+End.
> ➢ Druk op de Enter-toets ↵ om een lege lijn toe te voegen.
> ➢ Typ de volgende tekst: Andere invoerapparaten zijn: toetsenbord, joystick, scanner, ...
> ➢ Druk op de Enter-toets om de alinea te beëindigen.

1.12 Opnieuw bewaren

We bewaren de tekst opnieuw. Indien we dezelfde naam wensen te gebruiken, kunnen we dit door in het menu de keuzen *Bestand / Opslaan* te maken of door in de standaardbalk op de knop *Opslaan* (knop met de diskette) te klikken.

We willen het document onder een andere naam bewaren. We gebruiken dan de menukeuzen *Bestand / Opslaan als*.

➢ Kies *Bestand / Opslaan als*.

We geven de nieuwe naam in van het document. We sluiten daarna het document.

➢ Typ *H01VB02* bij *Bestandsnaam* en klik op *Opslaan*.
➢ We sluiten het documentvenster. Kies *Bestand / Sluiten*.

1.13 Verplaatsen binnen een document

1.13.1 <u>Sneltoetsen</u>

U kunt in Word verschillende toetsen gebruiken om doorheen uw documenten te 'wandelen'. We geven een reeks van toetsen die u nu reeds kan proberen op het voorbeeld H01VB03s.DOC. Het voorbeeld bevindt zich op de cd-rom die bij het boek is geleverd. We gaan ervan uit dat u de map *Word2003_1_Vbn* gekopieerd hebt naar de map *Mijn documenten*.

We openen het document H01VB03s.DOC.

➢ Klik op de knop *Openen* in de werkbalk *Standaard*.
➢ In de keuzelijst *Zoeken in* kiest u *Mijn documenten*.
➢ Dubbelklik op de map *Word2003_1_Vbn*.
➢ Selecteer het document H01VB03s.DOC en klik op de knop *Openen*.
➢ Probeer nu de toetsen en toetsencombinaties uit die u vindt in volgende tabel. Neem er uw tijd voor (de koffie is toch nog niet klaar).

Toets	Betekenis
←	één karakter naar links
→	één karakter naar rechts
Ctrl+←	één woord naar links
Ctrl+→	één woord naar rechts
↑	één lijn naar boven
↓	één lijn naar onder
Ctrl+↑	het begin van de huidige of vorige alinea
Ctrl+↓	het begin van de volgende alinea
Home	het begin van de regel
End	het einde van de regel

Toets	Betekenis
PgUp	er wordt een scherm terug gesprongen
PgDn	er wordt een scherm verder gesprongen
Ctrl+PgUp	naar het begin van de vorige bladzijde
Ctrl+PgDn	naar het begin van de volgende bladzijde
Ctrl+Home	naar het begin van het document
Ctrl+End	naar het einde van het document

1.13.2 Paginawissels

Het document bestaat uit meerdere bladzijden. U ziet de paginawissels op een andere manier in normale weergave en afdrukweergave.

➢ Kies *Beeld / Normaal* en blader even doorheen het document. De pagina's worden gescheiden door een puntjeslijn.

> worden. De totalen, gemiddelden, ... worden automatisch berekend m.b.v. een formule. De
> kracht van een spreadsheet schuilt nu in het feit dat als één getal gewijzigd wordt de ganse

➢ Kies *Beeld / Afdrukweergave* en blader doorheen het document. U ziet nu duidelijk het einde van een blad en het begin van het volgende blad.

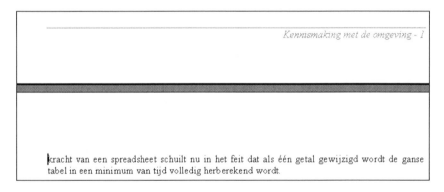

Indien u in de afdrukweergave enkel een dikke lijn ziet, klikt u op de lijn om de bovenstaande weergave te krijgen.

Word deelt zelf zijn bladzijden in. Als een bepaald stuk tekst niet meer op een blad kan, neemt hij een volgend blad.

Het kan zijn dat u een stuk tekst toch op een ander blad wenst hoewel het vorige blad nog niet vol was. U kunt dit realiseren m.b.v. de toetsencombinatie Ctrl+Enter. In de normale weergave ziet u tussen de twee bladzijden een lijn met de tekst *Pagina-einde*.

➢ Probeer dit uit!

1.13.3 Muisbewerkingen

U kan natuurlijk ook door uw document bladeren m.b.v. de muis. Via de schuifbalken rechts van het scherm kunt u door uw tekst bewegen. Om de invoegpositie te verplaatsen, moet u ook in het tekstveld klikken.

Indien u klikt op het hiernaast afgebeelde pictogram in de schuifbalk, schuift de tekst één regel naar boven.

Indien u klikt op het pictogram met de neerwaartse pijl, schuift de tekst één regel naar onder.

U kunt het **schuifblokje** verslepen om u door de tekst te bewegen. In een geel recht-hoekje komen de pagina's van het document. Indien u gebruik maakt van een kop-nummering, krijgt u ook de titel van de kop.

Indien u één keer klikt boven het schuifblokje krijgt u het vorige scherm, klikt u onder het schuifblokje dan krijgt u het volgende scherm.

In de verticale schuifbalk ziet u onderaan de knop *Bladerobject selecteren*. Indien u op deze knop klikt, kunt u kiezen welk item u wenst te gebruiken om met de knoppen *Vorige* en *Volgende* (zie verder) door het document te bladeren. U kunt bv. bladeren per pagina, maar ook per afbeelding, voetnoot, enz.

De knop *Vorige* plaatst de invoegpositie op een vorige pagina, afbeelding, enz. afhan-kelijk van hetgeen is gekozen bij *Bladerobject selecteren*.

De knop *Volgende* plaatst de invoegpositie op een volgende pagina, afbeelding, enz. afhankelijk van hetgeen is gekozen bij *Bladerobject selecteren*.

➢ Kies *Bladerobject selecteren*.

U kunt nu een item kiezen dat u wenst te gebruiken om doorheen de tekst te bladeren.

➢ Selecteer *Bladeren per pagina* rechts bovenaan in het paletje.
➢ Klik enkele malen op *Vorige pagina* en *Volgende pagina* om de toetsen uit te proberen.

1.13.4 <u>Ga naar</u>

M.b.v. de menukeuze *Bewerken / Ga naar* of m.b.v. de toetsencombinatie Ctrl+G is het ook mogelijk om doorheen het document te bewegen. We illustreren de werking.

➢ Kies *Bewerken / Ga naar.*

Het dialoogvenster bevat meerdere tabbladen. Het tabblad *Ga naar* is geselecteerd.

In de lijst *Ga naar* kiest u of u wilt bladeren op pagina, sectie, regel,... Daarna kan u op de knop *Volgende* of *Vorige* klikken om naar de volgende of vorige pagina, sectie, regel,... te bewegen. U kan ook een bladzijdennummer ingeven waarnaar u wenst te springen. Word zal zich dan positioneren op die bladzijde.

➢ Selecteer *Pagina* en typ het bladzijdennummer 10.
➢ Klik op *Ga naar.*

De invoegpositie bevindt zich in het begin van de 10de bladzijde. In de statusbalk wordt dit ook aangegeven. Het dialoogvenster blijft nog ter beschikking. U kunt nog een andere zoek-actie starten of u kunt het venster sluiten.

➢ Kies *Tabel* en klik op de knop *Volgende.*

U krijgt de tabel op de bladzijde 15. We gaan later in deze cursus in op het maken van tabel-len.

➢ Klik *Sluiten.*

1.14 Invoegmodus en overschrijfmodus

Wij merken op dat u tekst kunt toevoegen op twee verschillende manieren.

Invoegmodus   Indien u tekst ingeeft in **invoegmodus**, dan betekent dit dat de tekst die eventueel rechts van de invoegpositie staat, mee opschuift.

Overschrijfmodus   Indien u tekst ingeeft in **overschrijfmodus**, dan betekent dit dat de tekst die eventueel rechts van de invoegpositie staat, wordt overschreven.

U wisselt tussen de twee modi door te dubbelklikken op de toets *OVR* in de statusbalk. U kan ook drukken op de toets *Insert* om te wisselen tussen beide modi.

1.15 Weergeven codes

Indien u vroeger WordPerfect hebt gebruikt, zoekt u wellicht naar de verborgen codes die aangeven waar tekst in het vet wordt geplaatst, waar de gebruiker op de Enter-toets heeft gedrukt, enz... De verborgen codes - zoals die bestaan in WordPerfect - bestaan *niet* in Word.

Toch kunt u een aantal codes in het documentvenster laten zien. We kunnen dit op twee manieren. We illustreren dit.

➢ Kies *Extra / Opties* en selecteer het tabblad *Weergave*.

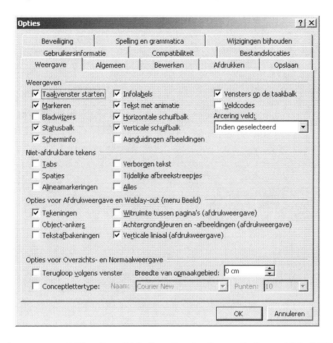

U merkt in dit scherm verschillende tabbladen. In de figuur is het tabblad *Weergave* geselecteerd. We gaan nu niet in op de verschillende mogelijkheden die u hier ziet. We willen enkel de niet-afdrukbare tekens tonen.

➢ Schakel de optie *Alles* bij *Niet-afdrukbare tekens* in en klik op *OK*.

U komt terug in de tekst terecht. U merkt nu dat spaties worden weergegeven door een punt, een druk op de Tab-toets met een pijltje, het einde van een alinea wordt weergeven door een ¶, ...

> .1.10→ Een·werkmap·oproepen¶
>
> .1.10.1→Via·het·menu¶
>
> {·XE·"Werkmap:openen"·}Indien·we·een·eerder·gemaakte·werkmap·opnieuw·in·het·geheugen·
> van·de·computer·wensen·te·bren¬gen,·kunnen·we·dit·als·volgt.¶
> ¶
> ▪ ➢→Kies·*Bestand / Openen*.¶
> ¶

We zetten deze codes opnieuw uit. Dit doen we m.b.v. de knop *Weergeven/verbergen* ¶ uit de werkbalk *Standaard*.

➢ Klik op de knop *Weergeven/verbergen*.

Het kan zijn dat u nog enkele codes ziet op het scherm. De knop *Weergeven/verbergen* schakelt het aankruisvakje *Alles* aan of uit. Indien in het tabblad andere codes zijn aangekruist, blijft u deze zien.

Ik geef er de voorkeur aan om de codes voor een spatie, een tab en een alineamarkering steeds te laten zien. Dat kan dus als volgt.

➢ Kies *Extra / Opties* en selecteer het tabblad *Weergave*.
➢ Schakel de opties *Tabs, Spaties* en *Alineamarkeringen* in en klik op de knop *OK*.

In·een·**spreadsheet**·of·**rekenblad**·worden·gegevens·in·een·tabel·geplaatst.··Op·deze·gegevens· kunnen·berekeningen·worden·uitgevoerd·m.b.v.·de·gewone·rekenkundige·operatoren·zoals·de· optelling,·aftrekking,·vermenigvuldiging·en·deling,·maar·ook·m.b.v.·functies·zoals·het·bepalen· van·het·grootste·getal·in·een·lijst·of·de·toekomstige·annuïteitwaarde·bij·een·gegeven·bedrag,· rentevoet·en·termijn.¶
¶
Een·klassiek·voorbeeld·van·een·rekenblad·is·een·puntentabel·zoals·hieronder·is·afgebeeld.¶
¶

1.16 Meerdere documenten

1.16.1 Meerdere documenten die geopend zijn

Er kunnen in Word meerdere documenten tegelijkertijd geopend zijn. Het document H01VB03s.DOC is geopend. U merkt dit trouwens ook in de taakbalk van Windows.

➢ Open het document H01VB02.DOC.

Het document wordt geopend. Het vorige document, H01VB03s.DOC, wordt niet gesloten. Op de taakbalk ziet u een aanduiding voor beide documenten. Dit is niet zo vanzelfsprekend. Normaal krijgt u op de taakbalk voor elke toepassing, en niet voor elk document binnen de toepassing, een aanduiding. In Word 2003 krijgt u elk document op de taakbalk te zien. Dat maakt het overschakelen tussen de documenten gemakkelijker.

➢ Klik op de aanduiding van H01VB03s.DOC in de taakbalk.

U merkt dat dit document nu op de voorgrond komt. De verschillende documenten die geopend zijn, kan u ook zien in de het menu *Venster*.

➢ Kies *Venster*.

Onderaan merkt u de twee documenten die geopend zijn. We merken op dat u in Windows tussen documentvensters steeds kan wisselen m.b.v. de toetsencombinatie Ctrl+F6. Dat kan ook in Word.

> Klik buiten het menu om het menu te deactiveren.
> Druk enkele keren op Ctrl+F6 om te wisselen tussen de documenten.

1.16.2 Meerdere documenten tegelijkertijd openen

U kan ook meerdere documenten tegelijkertijd openen. We illustreren dit.

> Sluit eerst de beide documenten die nog geopend zijn.
> Kies *Bestand / Openen*.
> Selecteer het bestand H01VB01.DOC en selecteer ook het bestand H01VB02.DOC terwijl u de Ctrl-toets inhoudt. Beide bestanden worden nu geselecteerd.
> Klik op de knop *Openen*.

U merkt in de taakbalk dat de beide documenten geopend zijn.

> Sluit beide documenten opnieuw.

We openen nu een nieuw document door op de knop *Nieuw leeg document* te klikken.

> Klik op de knop *Nieuw leeg document*.

1.17   De helpfunctie in Word

1.17.1 Help

Word biedt u een uitgebreide helpfunctie aan. U kunt op diverse manieren help oproepen: via menukeuzen, een vraag stellen aan de Office-assistent, m.b.v. de functietoets F1, de helpknop in een dialoogvenster, enz. Bij het zoeken naar informatie kan u zoeken op uw pc maar u kan ook zoeken op de website van Microsoft, op het internet. De inhoud op deze site wordt regelmatig bijgewerkt op basis van de feedback van u en andere gebruikers van Office over bepaalde vragen en problemen.

We bekijken eerst de menukeuze *Help*.

> Kies *Help*.

Microsoft Office Word Help	U krijgt het taakvenster *Help voor Word*. U kan een omschrijving ingeven van wat u zoekt. U kan ook een inhoudsopgave opvragen van de helpschermen van Word. Indien u on-line bent, zoekt Word de gegevens on-line.
De Office-assistent verbergen	U verbergt de Office-assistent tijdelijk. De assistent wordt niet uitgeschakeld. De menukeuze verandert in *De Office-assistent weergeven* als de assistent verborgen is. Indien u de Office-assistent een aantal keren hebt uitgeschakeld, vraagt hij zelf of u hem permanent wenst uit te schakelen.
Microsoft Office Online	U komt terecht op de website *Microsoft Office Online*. De website bevat illustraties, productgegevens updates, enz.
Contact opnemen	U krijgt informatie over de mogelijke kanalen die u kan gebruiken als u hulp nodig hebt. Microsoft verwijst u naar artikelen en de knowledge base (een database met gekende gebruikersproblemen en de oplossingen ervan). U kan ook contact opnemen met een medewerker van Microsoft. Dat is echter niet gratis!
WordPerfect Help	WordPerfect is een tekstverwerkingsprogramma van de firma Corel. Word geeft vroegere WordPerfect-gebruikers hulp bij het overschakelen naar Word.
Controleren op updates	Microsoft Office wordt regelmatig bijgewerkt. U kan nagaan of er updates beschikbaar zijn.
Analyse en herstel	Fouten in Word worden automatisch opgespoord en hersteld.
Product activeren	Sommige versies van Office moeten geactiveerd worden. Dit betekent dat u een bepaalde sleutel moet ingeven. Dit kan gebeuren door de sleutel telefonisch op te vragen bij Microsoft of automatisch door een connectie te leggen via het internet.
Opties voor klantenfeedback	Microsoft wil graag weten hoe u Word en andere Office-toepassingen gebruikt. Het vraagt u om deel te nemen aan een programma. Microsoft verzamelt in dat geval constant informatie over de manier waarop u Office gebruikt. Persoonlijke gegevens worden niet opgevraagd. U kan bv. ook instellen of u on line help wenst als er een internet verbinding is.
Info	U krijgt hier o.a. het versienummer van Word, het licentienummer en een knop waarmee u informatie over uw systeem kunt opvragen.

We geven een korte werksessie.

1.17.2 Helpvenster

Indien u de menukeuzen *Help / Microsoft Word Help* maakt, of u drukt op F1 of u klikt op de knop *Microsoft Office Word Help* in de werkbalk *Standaard*, krijgt u het taakvenster *Help voor Word*. Dit taakvenster wordt standaard rechts van het scherm geplaatst.

De Office-assistent is een figuurtje (een clip, een hond, …) dat u op een speelse manier bege-leidt bij het zoeken naar informatie. We gaan er in eerste instantie vanuit dat u de Office-assistent niet weergeeft. Indien de Office-assistent wordt weergeven, kan u hem uitschakelen via de menukeuzen *Help / De Office-assistent verbergen*.

➢ Kies *Help / Microsoft Office Word Help*.

➢ Klik op de hyperlink *Inhoudsopgave*.

Indien u verbonden met het internet, krijgt u wellicht de melding *Dowloaden vanaf Microsoft Office Online*. De informatie wordt in dat geval van het internet gehaald.

De helpschermen zijn ingedeeld in boeken. U kan een boek openen door te klikken op de hyperlink bij het boek.

> ➢ Klik op de hyperlink *Opstarten en instellingen*.
> ➢ Klik op de hyperlink *Help-informatie opvragen*.

We selecteren uiteindelijk een onderwerp.

> ➢ Klik op de hyperlink *Hulp vragen terwijl u werkt*.

U krijgt nu een helpscherm.

Bovenaan hebben we een aantal knoppen.

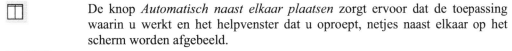

De knop *Automatisch naast elkaar plaatsen* zorgt ervoor dat de toepassing waarin u werkt en het helpvenster dat u oproept, netjes naast elkaar op het scherm worden afgebeeld.

De knoppen *Terug* en *Volgende* laten u toe om te bewegen tussen de help-schermen die u hebt geopend in een werksessie.

Door op de knop *Afdrukken* te klikken, drukt u het helpscherm af.

Indien het helpscherm en de toepassing naast elkaar staan, wordt de knop *Automatisch naast elkaar plaatsen* vervangen door de knop *Naast elkaar plaatsen ongedaan maken*.

Indien u on-line bent, krijgt u onderaan de vraag of deze informatie nuttig was of niet. Indien u aangeeft dat de informatie niet nuttig was, vraagt Word u naar de reden.

➢ Sluit het helpvenster door op de knop *Sluiten* te klikken.

1.17.3 Een vraag stellen

Eén van de snelste manieren om hulp te vragen in Word, is via het vak *Typ een vraag voor hulp*. U vindt het venster bovenaan in de menubalk.

➢ Typ *Openen document?* in het vak en druk op de Enter-toets;

U krijgt de resultaten in het taakvenster. In de bovenstaande schermafdruk ziet u de resultaten als u enkel zoekt in de off-line helponderwerpen. Of u on-line of off-line wenst te zoeken kan u opgeven in de keuzelijst bij *Zoeken*.

U kan nu één van de helpschermen openen.

1.17.4 De Office-assistent

De Office-assistent is een klein figuurtje dat u begeleidt bij het zoeken naar helponderwerpen. We stellen de Office-assistent opnieuw in.

➢ Kies *Help / De Office-assistent weergeven*.

Indien u Word niet volledig hebt geïnstalleerd, krijgt u wellicht een dialoogvenster dat meldt dat de functie nog niet geïnstalleerd is. U klikt in het dialoogvenster op *Ja* om de functie te installeren. Bij sommige functies die niet geïnstalleerd zijn, hebt u de cd-rom van Office 2003 nodig. Als Word 2003 geïnstalleerd is vanaf een netwerk, moet u een netwerkaansluiting hebben met de locatie waar de bestanden van Office geplaatst zijn.

➢ Klik op de knop *Microsoft Office Word Help* in de werkbalk *Standaard*. U krijgt het taakvenster *Help voor Word*.
➢ Klik op het figuurtje.

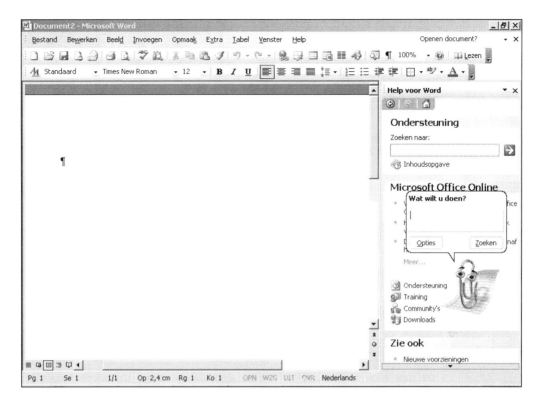

U kan een vraag formuleren in het vak van de Office-assistent.

> ➤ Typ `Sneltoetsen` en klik op de knop *Zoeken*.

De assistent interpreteert uw vraag en gaat op zoek. U krijgt een aantal helponderwerpen in het taakvenster *Zoekresultaten*.

1.17.5 <u>Instellen van de Office-assistent</u>

U kan een andere figuur kiezen voor de Office-assistent, de assistent uitschakelen, enz. Dat doet u m.b.v. de knop *Opties* in het venster van de assistent.

> ➤ Klik op het figuurtje van de assistent.
> ➤ Klik op de knop *Opties*. Selecteer het tabblad *Opties*.

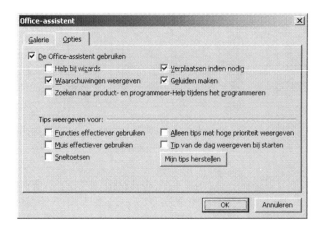

U merkt dat u de assistent kan uitschakelen. Ook kan u bepalen wanneer de assistent u ter hulp mag komen.

➤ Selecteer het tabblad *Galerie*.

U kan een andere vorm van de assistent kiezen: een professor, een robot, enz.

➤ Klik enkele keren op de knop *Volgende* tot u de figuur *Lynks*, de kat, hebt. U mag natuurlijk ook een andere figuur uitkiezen.
➤ Klik *OK*.

De figuur van de assistent is gewijzigd. De Office-assistent is door Microsoft in de versie van Office 2000 geïntroduceerd. Heel wat gebruikers zijn echter niet zo enthousiast over de assistent en gebruiken liever de klassieke helpschermen. U hebt de keuze. De assistent vertraagt het systeem natuurlijk een beetje.

Indien u de Office-assistent tijdelijk wenst te verbergen, kan dat ook met een snelmenu.

➤ Klik rechts op de Office-assistent en kies *Verbergen*.

1.17.6 Uitschakelen van de Office-assistent

Indien u de assistent verbergt, kan de assistent terug ingeschakeld worden als u een wizard start, ... U kan de assistent ook uitschakelen. Dat doet u als volgt.

➤ Kies *Help / De Office-assistent weergeven*.
➤ Klik op *Opties* en selecteer het tabblad *Opties*.
➤ Schakel de optie *De Office-assistent gebruiken* uit. Klik daarna op *OK*.

Indien u de Office-assistent dikwijls in- en uitschakelt, vraagt hij zelf of u hem permanent wenst uit te schakelen.

1.17.7 Help in een dialoogvenster

In heel wat dialoogvensters vindt u in de titelbalk een knop *Help*. Indien u op deze knop klikt, krijgt u informatie m.b.t. de mogelijkheden in het dialoogvenster.

➤ Kies *Bestand / Opslaan als*.
➤ Klik op de knop *Help* in de titelbalk.

➤ Sluit het helpscherm.
➤ Klik *Annuleren* om het dialoogvenster te sluiten.

1.17.8 Geen on line inhoud

U kan instellen dat u in de helpschermen geen on line inhoud wenst te zien. In dat geval zoekt Word niet automatisch op het internet naar helponderwerpen.

➤ Kies *Help / Opties voor klantenfeedback*.
➤ Selecteer *On line inhoud* in de lijst *Categorie* links in het dialoogvenster (zie volgende figuur).
➤ Schakel de optie *Zoeken in de on line inhoud wanneer er verbinding is* uit.
➤ Klik *OK*.

Indien u een zoekactie onderneemt, zal Word nu enkel in de helpschermen die zich op uw computer bevinden, zoeken.

➤ Test dit zelf uit. Herstel nadien de oorspronkelijke instelling (indien u dit wenst natuurlijk).

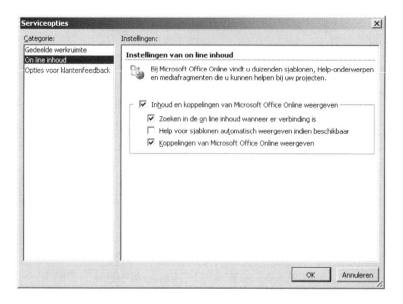

1.18   Verlaten van Word

Als we - moe en tevreden - Word wensen te verlaten, kunnen we dit als volgt.

➢ Kies *Bestand / Afsluiten.*

Indien de tekst ondertussen nog is veranderd, vraagt Word nog of u hem wenst te bewaren. Hierop antwoordt u negatief.

U kunt Word ook op andere manieren verlaten:

- door te dubbelklikken op het pictogram *Systeemmenu*
- door te klikken op het systeemmenu en de optie *Sluiten* te kiezen
- door de knop *Sluiten* te kiezen in de titelbalk van Word (rechts bovenaan)

U komt opnieuw in het startscherm van Windows terecht.

1.19   Oefeningen

Oefening 1

Geef de tekst in die u vindt in bijlage H01OEF01.DOC. Bewaar het document als H01OEF01.DOC in de map Word2003_1. Probeer de verschillende toetsen en toetsencombi-naties uit.

Oefening 2

We hebben in dit hoofdstuk gezien dat Word de 4 laatst gebruikte bestanden opneemt in het menu *Bestand* zodat u deze documenten snel kunt oproepen. Dit aantal 4 is echter in te stellen via de menukeuzen *Extra / Opties*. Zoek het tabblad en de optie waarmee u deze instelling kan aanpassen.

Oefening 3

Zoek helpinformatie over het onderwerp *Scherminfo weergeven of verbergen*.

Oefening 4

Zoek via de helpschermen op hoe u een document kan openen. Zoek enkel in de Off line Help.

Oefening 5

Indien u vroeger WordPerfect gebruikte, grasduint u even in de *WordPerfect Help*.

Oefening 6

In het tabblad *Opties* van het dialoogvenster *Office-assistent* vindt u de optie *Tip van de dag weergeven bij starten*. Schakel de optie in en sluit Word af. Start daarna Word opnieuw op. Wat is de betekenis van de optie?

Oefening 7

Als u rechts klikt op de Office-assistent, krijgt u een snelmenu. De menukeuze *Assistent kiezen* geeft u onmiddellijk toegang tot het tabblad met de verschillende assistenten. Kies een andere assistent.

Oefening 8

Meestal begint u de tekst in een document links bovenaan te typen. U kan in afdrukweergave in Word ook dubbelklikken op een willekeurige positie en aldaar beginnen typen. We noemen dit **klikken en typen**. Probeer dit uit. Er bestaat ook een optie in het tabblad *Bewerken* van het dialoogvenster *Extra / Opties* om deze mogelijkheid uit te schakelen. Zoek deze op en probeer uit.

Oefening 9

Indien u Word start, wordt automatisch een sjabloon *Normal.dot* geopend. Word biedt u heel wat andere sjablonen, bv. *Professioneel cv*. Maak een nieuw document aan op basis van deze sjabloon. Bekijk het document even.

Oefening 10

Indien u meerdere documenten hebt geopend, kan u ze allemaal samen opslaan en/of sluiten door de Shift-toets in te houden als u op de menukeuze *Bestand* klikt. U krijgt in dit geval de menukeuzen *Alles opslaan* en *Alles sluiten*. Probeer uit!

Oefening 11

Zoek in de helpschermen naar de systeemvereisten voor de installatie van Microsoft Office 2003. Beantwoord volgende vragen:

1. Werkt Word 2003 onder Windows 98 SE?
2. Hoeveel is de minimum schijfruimte die u nodig hebt voor een installatie van Micro-soft Office 2003?
3. Wat hebt u nodig als u handgeschreven nota's wenst in te geven?

2 Mijn eerste brief

2.1 Inleiding

We zullen in dit hoofdstuk een eerste volledige brief typen. In de brief komen een aantal technieken voor die in vrijwel elk document dat u maakt, terugkomen.

Vooreerst zullen we de kantlijnen aanpassen en de nodige tabulatorstops ingeven. We leren tekst accentueren door deze **vet** of *schuin* af te drukken of te <u>onderstrepen</u>. We kunnen tekst opmaken tijdens het typen van de tekst. Dikwijls maken we tekst echter pas achteraf op. We selecteren in dat geval een deel van een tekst en geven deze een bepaalde opmaak. Word heeft heel wat technieken om tekst op een gemakkelijke manier te selecteren en op te maken.

Terloops leren we ook hoe we een datum kunnen invoeren in Word. Uiteraard kunnen we deze gewoon als tekst intypen. We kunnen echter ook een code of veld in het document op-nemen zodat de datum wordt aangepast als we het document opnieuw openen.

In dit hoofdstuk leren we bovendien hoe we een document kunnen afdrukken.

In Word kan u uw werkomgeving aanpassen aan uw eigen voorkeuren. We hebben bv. al gezien dat we standaard alle menukeuzen kunnen tonen i.p.v. enkel de laatst gebruikte menu-keuzen. We leren in dit hoofdstuk nog een aantal andere opties instellen.

2.2 Het voorbeeld H02VB01.DOC

Het voorbeeld dat wij uitwerken, vindt u in bijlage als H02VB01.DOC. In dit voorbeeld hebben we de volgende technieken gebruikt.

- De linker kantlijn hebben we op 3 cm geplaatst, de rechter kantlijn op 2 cm.
- We hebben een horizontale lijn getrokken onder het adres van de afzender.
- Voor de rubrieken 'Uw bericht van', 'Uw kenmerk', 'Ons kenmerk' en 'Geel' hebben we de tabulatorposities op een gepaste manier ingesteld.
- De tekst "zeer goede cursussen" is onderstreept; de titels van de boeken zijn vetjes af-gedrukt.
- De tekst die onder de titels van de boeken staat, is netjes ingesprongen.

In de volgende paragrafen leren we hoe we dit realiseren en gaan we nader in op de verschil-lende opties die we gebruiken.

We vertrekken van een leeg documentvenster. Indien u Word opnieuw hebt opgestart, dan is het documentvenster leeg.

➢ In het geval u nog een document hebt geopend, sluit u dit en opent u een nieuw document. Indien u de vraag krijgt of u het huidige document wenst te bewaren, kiest u voor *Nee*.

➢ We zorgen ervoor dat de liniaal zichtbaar is. Indien de liniaal bij u niet zichtbaar is, kiest u *Beeld / Liniaal*.

2.3 Opties

Word biedt u een aantal mogelijkheden om de omgeving waarin u werkt aan te passen. Heel wat van deze mogelijkheden bevinden zich onder *Extra / Opties*. We hebben in het eerste hoofdstuk al kennis gemaakt met enkele opties. We geven enkele andere mogelijkheden.

2.3.1 De standaardmap instellen

De eerste keer dat u *Bestand / Opslaan* kiest, geeft Word u een lijst met bestanden uit de map *Mijn documenten*. Dit is een map die bij de installatie van Windows werd aangemaakt. U mag echter een andere map kiezen voor het bewaren van uw documenten. Ook de standaardmap die Word u toont, kunt u instellen. We zullen als standaardmap *Word2003_1* opgeven.

➢ Kies *Extra / Opties* en selecteer het tabblad *Bestandslocaties*.

U krijgt een lijst met de verschillende soorten documenten die Word gebruikt. Ons interesseert voorlopig enkel de map waarin de documenten terecht komen. Dit is de map bij *Documenten*.

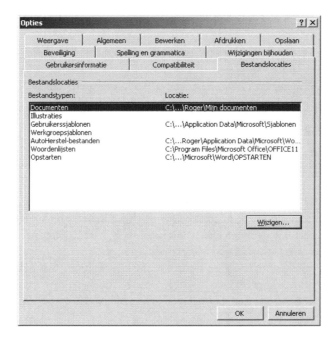

➢ Selecteer de regel waarin *Documenten* staat door op de regel te klikken.
➢ Klik op de knop *Wijzigen* om de map te wijzigen.

U krijgt nu een dialoogvenster waarin u de map kan kiezen. U kunt ook zelf een nieuwe map aanmaken. We kiezen de map *Word2003_1* die we in het eerste hoofdstuk hebben aangemaakt.

➢ Selecteer de map *Word2003_1* in het witte kader. Klik op *OK*.

U krijgt nu terug het tabblad met de verschillende instellingen. U merkt dat de instelling *Documenten* gewijzigd is.

> ➢ Indien u werkt op een computer waarop meerdere mensen onder dezelfde gebruiker werken, kunt u best opnieuw de instelling opgeven die er stond. Wees lief voor elkaar!

2.3.2   AutoHerstel

In het tabblad *Bestandslocaties* ziet u ook het bestandstype *AutoHerstel-bestanden*. Word kan de documenten waaraan u werkt op geregelde tijdstippen bewaren. Standaard doet Word dit om de 10 minuten. Als Word of uw pc om één of andere reden vastloopt, en u start Word terug, dan opent Word in dat geval automatisch het bestand waaraan u bezig was.

U merkt in het tabblad *Bestandslocaties* de map waarin Word deze (tijdelijke) bestanden plaatst. Deze optie houdt niet in dat u uw document niet meer zelf moet opslaan. De optie zorgt er enkel voor dat u een reservekopie hebt als Word of uw computer onverwacht uitvalt.

We sluiten het dialoogvenster *Opties* nog niet vermits we nog enkele standaardinstellingen wensen te wijzigen.

2.3.3   Opslaan

We selecteren het tabblad *Opslaan*.

> ➢ Selecteer het tabblad *Opslaan*.

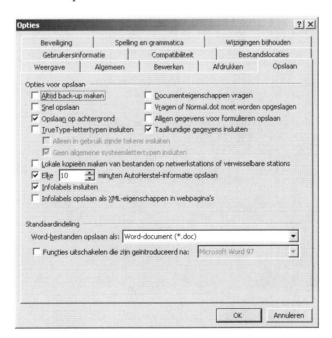

De optie *Altijd back-up maken* is standaard *niet* geselecteerd. Toch is het belangrijk dat u dit wel doet. Indien u een document voor de tweede keer bewaart, wordt het eerste document overschreven. Dat bent u kwijt... Dikwijls beseft u echter pas net nadat u het document hebt overschreven, dat u het toch nog graag zou hebben. Dergelijke situaties kan u voorkomen als u een reservekopie laat maken van het originele document. Indien u de optie aankruist, gebeurt het volgende als u een document VB.DOC voor de tweede keer bewaart.

1. Het oorspronkelijke document VB.DOC wordt hernoemd tot *Reservekopie van vb.wbk*.
2. Het document dat u nu bewaart, krijgt de naam VB.DOC.

Als u het oorspronkelijke document dus nog nodig hebt, kunt u het nog oproepen. Als u het document VB.DOC voor de derde maal bewaart, gaat *Reservekopie van vb.wbk* verloren en wordt VB.DOC hernoemd tot *Reservekopie van vb.wbk*.

➢ Selecteer *Altijd back-up maken*.

U merkt dat de optie *Snel opslaan* automatisch uitgeschakeld wordt (indien het geselecteerd was). Indien u de optie *Snel opslaan* aankruist, gebeurt het opslaan van documenten sneller als u *Opslaan* kiest in het menu. Enkel de veranderingen die in het document zijn aangebracht, worden bewaard. Vermits in dit geval Word zowel de oorspronkelijke tekst als de verschillende wijzigingen bewaart, neemt het bestand meer ruimte in op schijf. Als u het document opnieuw bewaart met de menukeuze *Opslaan als* wordt het document weer als één geheel bewaard.

Onderaan de eerste reeks aankruisvakjes, merkt u ook de optie *Elke ... minuten AutoHerstel-informatie opslaan*. U kunt hier opgeven om de hoeveel minuten Word uw document moet bewaren. Word bewaart dit document in een bestand met een extensie ASD. Indien bv. de stroom uitvalt, bent u dus hooguit een 10-tal minuten werk kwijt (indien u instelt dat Word uw documenten om de 10 minuten moet bewaren). Als u na een stroomonderbreking Word opnieuw start, wordt het bestand automatisch geopend.

➢ Typ 10 in het tekstvak bij *Elke ... minuten AutoHerstel-informatie opslaan* als deze waarde bij u niet is ingesteld.

De andere opties in dit tabblad laten we ongemoeid.

2.3.4 Maateenheden

Standaard worden, in de Nederlandse versie van Word, eenheden in centimeters uitgedrukt. Indien u een andere taal gebruikt, kan u dit aanpassen op de volgende manier.

➢ Selecteer het tabblad *Algemeen*.

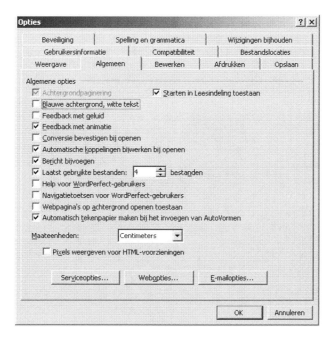

Onderaan het dialoogvenster merkt u dat u de maateenheden kunt instellen.

> U kiest uit de keuzelijst *Centimeters* indien dit bij u nog niet is ingesteld.
> We sluiten nu het dialoogvenster *Opties*. Klik op de knop *OK*.

Alle opties die u hebt ingesteld, worden nu actief.

2.4   Keuze taal

In Word kunt u de spelling controleren. Hiervoor gebruikt Word woordenboeken. Deze woordenboeken zijn verschillend van taal tot taal. U moet dus de taal waarin u werkt aan Word kenbaar maken. Standaard staat deze op de Nederlandse taal omdat we in de Nederlandse versie van Word werken.

Het controleren van de spelling leren we in een volgend hoofdstuk. In dit hoofdstuk voeren we echter een datum in. De manier van weergeven van de datum is ook afhankelijk van de taalmodule die u gebruikt.

> Kies *Extra / Taal / Taal instellen*.

Boven de dubbele streep merkt u de talen die al werden gebruikt door Word. Onder de dubbele streep krijgt u de verschillende talen die mogelijk zijn. U hebt in de lijst de keuze tussen *Nederlands (België)* en *Nederlands (standaard)*.

➢ Selecteer de taal *Nederlands (standaard)*.

U merkt dat u in het dialoogvenster ook de knop *Standaard* hebt. Hiermee kunt u opgeven dat u de taal die u hier selecteert ook in de volgende documenten als standaard wenst te krijgen. Als u de Nederlandse versie hebt van Word kunt u ook de Franse en Engelse taalmodules installeren. De andere taalmodules worden niet standaard bij Word geleverd. Indien u de modules voor een andere taal wenst te gebruiken, moet u deze apart kopen.

➢ Klik op de knop *Standaard*.

Word verwijst hier naar de sjabloon *Normal.dot*. We hebben de betekenis hiervan in het eerste hoofdstuk verduidelijkt. Elk nieuw document is gebaseerd op deze sjabloon.

➢ Klik *Ja*.

Word controleert de spelling en grammatica tijdens het intypen van de tekst. U kan deze optie hier afzetten.

U kan in het dialoogvenster ook instellen dat Word de taal automatisch moet bepalen. U schakelt in dat geval de optie *Taal automatisch bepalen* in. In dit geval hoeft dit niet.

➢ Schakel de optie *Taal automatisch bepalen* uit en klik *OK*.

2.5 Aanpassen marges

2.5.1 Aanpassen marges via menukeuzen

We willen als marges voor het document links 3 cm en rechts 2 cm instellen. Indien u marges instelt, kunt u dit doen voor een gans document maar ook vanaf een bepaalde positie in het document. U plaatst de invoegpositie op de plaats waar u de marges wenst te wijzigen. Wij vertrekken hier van een leeg document.

➢ Kies *Bestand / Pagina-instelling.*

U krijgt het dialoogvenster *Pagina-instelling.* Hierin vinden we meerdere tabbladen terug.

➢ Selecteer het tabblad *Marges.*

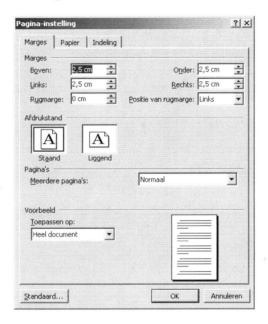

U kunt de boven- en ondermarge alsook de linker- en rechtermarge wijzigen. Normaal gebruikt Word als standaardwaarden een marge van 2,5 cm, zowel links als rechts en onder en boven. De cursor is gepositioneerd in het tekstvak bij *Boven.* M.b.v. de Tab-toets beweegt u de cursor doorheen de verschillende tekstvensters. Indien u de combinatie Shift+Tab gebruikt, doorloopt u de tekstvakken in omgekeerde volgorde.

➢ Typ de waarde 2 bij *Boven* en druk op de Tab-toets.
➢ Typ de waarde 2 bij *Onder* en druk op de Tab-toets.
➢ Typ de waarde 3 bij *Links* en druk op de Tab-toets.
➢ Typ in het invoervak *Rechts* de waarde 2.

M.b.v. de keuzelijst *Toepassen op* kunt u instellen of de instelling van toepassing is op het ganse document of vanaf de huidige positie van de cursor. Vermits we een nieuw document hebben geopend staat hier de keuze *Heel document* bij *Toepassen op.* Dat is goed. De overige opties laten we voorlopig voor wat ze zijn.

> We bewaren de instellingen en verlaten het scherm door te klikken op de knop *OK*.

2.5.2 Oproepen van het dialoogvenster Pagina-instelling via de liniaal

Het dialoogvenster *Pagina-instelling* dat u kreeg door de menukeuzen *Bestand / Pagina-instelling* te kiezen, kunt u ook verkrijgen door te dubbelklikken in de liniaal. U klikt in het witte gedeelte of in het grijze gedeelte dat de marges aanduidt. Het 'grijze gedeelte' kan bij u ook een andere kleur hebben, bv. blauw als u het standaardkleurenschema van Windows XP hanteert.

> Dubbelklik op het grijze gedeelte rechts in de liniaal. U krijgt opnieuw het dialoogvenster.
> Klik op de knop *Annuleren* om de actie ongedaan te maken.

2.6 Lettertype en tekengrootte kiezen

We komen in dit hoofdstuk nog uitgebreid terug op lettertypes en tekengroottes. Standaard geeft Word u het lettertype *Times New Roman* (indien het beschikbaar is) met een tekengrootte van 12 punten. Indien bij u een ander lettertype of tekengrootte is ingesteld, dan wijzigt u dit.

> Selecteer het lettertype *Times New Roman* in de keuzelijst *Lettertype* in de werkbalk *Opmaak*.
> Selecteer de waarde 12 in de keuzelijst *Tekengrootte* naast *Times New Roman*.

U typt nu het adres van de afzender in. Na de naam van de firma, de straat, de woonplaats en het telefoonnummer drukt u telkens op de Enter-toets om een nieuwe regel te beginnen (zie bijlage H02VB01.DOC).

> Doe!

2.7 Horizontale lijnen trekken

Onder de afzender staat een horizontale lijn. Een horizontale lijn hoort in Word thuis onder *Randen en arcering*. We bestuderen dit later uitgebreider. Toch geven we nu reeds aan hoe we een horizontale lijn kunnen trekken.

Als we het adres van de afzender hebben getypt, drukken we nogmaals op de Enter-toets om een extra lege lijn toe te voegen. Daarna drukken we op het pijltje ↑ om de lijn te plaatsen.

> Druk op de Enter-toets en druk daarna op de toets met het pijltje ↑.

Om een **rand** te creëren, activeren we de werkbalk *Tabellen en randen*. Dit doen we door op het pictogram *Tabellen en randen* uit de werkbalk te klikken.

> Klik op de knop *Tabellen en randen* in de werkbalk *Standaard*.

U krijgt nu een bijkomende werkbalk. Indien u in normale weergave werkt, kiest Word automatisch afdrukweergave.

U kunt de werkbalk eventueel slepen naar een positie onder de andere werkbalken.

In de werkbalk merkt u o.a. een keuzelijst *Lijnstijl* met een voorbeeld van de lijn, een keuze-lijst *Lijndikte* om de dikte te bepalen, een knop *Randkleur* om de kleur te wijzigen en een knop met een vierkantje met lijntjes. Eén of meerdere van deze lijntjes zijn vet getekend. Deze knop geeft aan hoe u een lijn tekent. De naam van de knop wijzigt al naargelang de randen die zijn getekend. In het voorbeeld zijn de vier randen van het vierkant vetjes weerge-geven. De knop heet in dit geval *Buitenste rand*.

⊡ ▾ Om een horizontale lijn te trekken die zich onderaan de huidige alinea bevindt, openen we de keuzelijst bij het pictogram *Buitenste rand* en we klikken op de knop *Onderrand* waarbij de lijn in het vet zich onderaan bevindt.

> ➤ Klik op de knop *Buitenste rand* en daarna op *Onderrand*. Onmiddellijk verschijnt er een lijn onder de tekst.
> ➤ Met het pijltje naar onder, plaatst u de cursor na de lijn. Druk dus op ↓.
> ➤ U drukt nogmaals op de Enter-toets. Daarna typt u de naam van de geadresseerde *Willy Dehaene* en zijn adres in. Daarna drukt u nog 5 keer op de Enter-toets om een aantal extra lege lijnen toe te voegen.

We verwijderen de werkbalk *Tabellen en randen* door opnieuw op de knop *Tabellen en ran-den* in de werkbalk *Standaard* te klikken. Zo vergroot u opnieuw de ruimte op het scherm waar u tekst kunt ingeven. U kunt natuurlijk ook rechts klikken op een werkbalk en de werk-balk *Tabellen en randen* deselecteren.

> ➤ Klik op de knop *Tabellen en randen* in de werkbalk *Standaard*.

⊡ ▾ Ook in de werkbalk *Opmaak* vindt u de knop om lijnen te tekenen. U hoeft dus eigenlijk de werkbalk *Tabellen en randen* niet te tonen (tenzij u een andere lijnstijl of dikte wenst).

2.8   Tabulatorstops instellen

2.8.1   Het dialoogvenster Tabs

De verschillende titeltjes 'Uw bericht van', 'Uw kenmerk', 'Ons kenmerk' en 'Geel' staan op tabulatorposities 0 mm, 45 mm, 85 mm en 130 mm van de linker kantlijn. Standaard plaatst Word een **tabulatorstop** (kortweg **tabstop** genoemd) op 0 cm en plaatst hij elke 1,25 cm een nieuwe tabulatorstop. We willen dit nu aanpassen.

> ➤ Kies *Opmaak / Tabs*.

Word heeft meerdere soorten van tabstops. Deze soort geeft u aan bij *Uitlijnen*. De verschillende soorten zijn:

Links	Dit is de klassieke tabstop. De tekst zal rechts van de tabpositie beginnen.
Centreren	De tekst zal rond de tabpositie gecentreerd worden.
Rechts	De tekst zal links van de tabpositie blijven.
Decimaal	De tekst zal links van de tabstop verschijnen tot op het ogenblik dat u het decimaal uitlijnteken intikt. Daarna wordt de tekst verder rechts van de tabpositie geplaatst.
	Het decimaal uitlijnteken is standaard de komma. Dit kan echter ingesteld worden.
Lijn	Hiermee plaatst u een verticale lijn op de opgegeven tabstop.

Al deze soorten kunnen nog gecombineerd worden met een opvulteken. We geven zo dadelijk een voorbeeld van de verschillende mogelijkheden. We werken eerst het voorbeeld H02VB01.DOC verder uit.

➢ Als er al tabstops in het kader staan, wist u deze door te klikken op *Alles wissen*.

We stellen nu de nieuwe tabstops in op 45 mm, 85 mm en 130 mm. We nemen hiervoor telkens een linker tabstop. De posities typen we in het venster *Tabpositie*. Indien we de afstand niet in centimeters opgeven, moeten we de eenheid vermelden.

➢ Typ 45 mm en klik op de knop *Instellen*.
➢ Typ 8,5 en klik op de knop *Instellen*.
➢ Typ 13 en klik op de knop *Instellen*.

In de lijst bij *Tabpositie* merkt u de verschillende tabstops die ingesteld zijn. Als u een fout hebt gemaakt, kan u de tabpositie selecteren en de knop *Wissen* gebruiken om de tabpositie te verwijderen.

➢ Klik op de knop *OK* als de drie tabposities juist zijn ingesteld.

Merk op dat in de liniaal de tabs zichtbaar zijn als kleine haakjes.

- ➤ Typ de tekst `uw bericht van` en druk op de Tab-toets.
- ➤ Typ nu ook de overige drie kopjes. Druk op de Enter-toets om naar de volgende regel te gaan.
- ➤ Typ de berichten in tot voor de laatste datum (onder Geel).

2.8.2 Voorbeelden van de soorten tabstops

We geven een klein voorbeeld van de verschillende soorten tabstops.

Linkse tab	Rechtse tab	Lijntab	Centreertab	Decimale tab
toestel	toestel		toestel	toestel
Word	Word		Word	Word
123	123		123	123
3,5	3,5		3,5	3,5
12,34	12,34		12,34	12,34

We geven ook een voorbeeld van een linkse tabstop met een opvulteken.

.... Linkse tab
.... toestel
.... 123
.... 3,5

2.8.3 Opmerking

Elke tekst die u afsluit met een druk op de Enter-toets noemen we in Word een **alinea**. Tabs zijn van toepassing op de alinea waarin de invoegpositie zich bevindt of op de geselecteerde alinea's (zie verder). Als u zich in de onderste alinea bevindt, nemen de volgende alinea's de tabs over als u op de Enter-toets drukt om een volgende alinea te starten.

2.9 Datum invoegen

De datum die onder 'Geel' staat, is de systeemdatum van de computer. Indien u het document oproept op 1 september 2004, dan zal de datum '2004-09-01' te zien zijn. We geven aan hoe we het formaat van de datum kunnen instellen en hoe we kunnen aangeven dat deze datum geen zuivere tekst is maar eigenlijk een **veld** waarvan de waarde kan veranderen.

- ➤ Kies *Invoegen / Datum en tijd*.
- ➤ Selecteer de datum in de vorm *2004-06-09* (Word toont de actuele datum).
- ➤ Onderaan rechts in het venster selecteert u *Automatisch bijwerken*.

De knop *Standaard* laat u toe om de nieuwe instellingen als standaardinstellingen voor datum en tijd op te geven.

➢ Klik op de knop *OK* om het veld in te voegen in de tekst.

Door de optie *Automatisch bijwerken* te selecteren, voegt u de datum of tijd in als een veld. Indien u de invoegpositie op een veld plaatst, wordt dit veld in zijn geheel in het grijs weergegeven. Op die manier ziet u duidelijk dat het hier niet zomaar om tekst gaat, maar om een veld.

➢ Druk op ← om de muiswijzer op het veld te plaatsen.

Als de datum of tijd als veld is ingevoegd, wordt deze automatisch bijgewerkt als u het document opent of afdrukt. We vervolgen met ons voorbeeld.

➢ Druk op de End-toets om de muiswijzer opnieuw achter het veld te plaatsen.
➢ Druk 4 maal op de Enter-toets.
➢ Typ `Geachte`

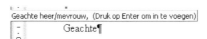

Als scherminfo (in een geel kadertje) geeft Word *Geachte heer/mevrouw*. Indien dit inderdaad de tekst is die u wenst in te typen, drukt u op de Tab-toets of op de Enter-toets.

➢ Druk op de Enter-toets.

Word vervolledigt de tekst automatisch. We wensen hier echter enkel *Geachte heer*.

➢ Druk enkele malen op de toets <Backspace> om */mevrouw* te wissen.
➢ Typ de brief verder in tot net voor de tekst die onderstreept is.

2.10   Tekst onderstrepen of vet afdrukken

Indien we tekst intypen en we willen één of meerdere woorden onderstrepen, vet of schuin afdrukken, dan kunnen we dat op verschillende manieren. We veronderstellen dat u de brief hebt getypt tot net voor de onderstreepte tekst. Om de tekst 'zeer goede cursussen' in te typen en te onderstrepen, gaan we als volgt tewerk.

> ➤ Druk op de toetsencombinatie Ctrl+U om het onderstrepen aan te zetten.
> ➤ Typ de tekst `zeer goede cursussen`.
> ➤ Druk op Ctrl+U om het onderstrepen af te zetten.

U drukt dus voor en na de tekst op de toetsencombinatie Ctrl+U. Na de tekst kan u ook Ctrl+<spatiebalk> gebruiken. Naast onderstrepen hebben we nog enkele andere mogelijkheden.

Toetsencombinatie	Effect
Ctrl+U	De tekst wordt onderstreept (U: Underline).
Ctrl+B	De tekst wordt vet afgedrukt (B: Bold).
Ctrl+I	De tekst wordt schuin afgedrukt (I: Italic).
Ctrl+<spatiebalk>	Beëindigen van een effect.

U kunt de verschillende manieren van accentueren ook combineren. Indien u bv. de toetsencombinatie Ctrl+B en Ctrl+I na elkaar gebruikt, wordt de tekst vet en schuin afgedrukt.

> ➤ Typ de tekst verder tot aan het streepje voor de eerste cursus.

2.11   Tekst inspringen

Voor de drie cursussen hebben we de standaard tabstops op 1 cm geplaatst. Dat kan als volgt:

> ➤ Kies *Opmaak / Tabs*.
> ➤ Wis alle bestaande tabs door te klikken op *Alles wissen*.

Standaard plaatst Word tabstop om de 1,25 cm. Wij veranderen dit naar 1 cm.

> ➤ Plaats de invoegpositie in het tekstvak bij *Standaardtabs om de* en typ de waarde 1.
>   U mag ook de pijltjes gebruiken om de waarde te verhogen of te verkleinen.
> ➤ Klik op de knop *OK*.

De standaardtabs worden door kleine streepjes weergegeven. We typen nu de tekst in. Dat doen we als volgt:

> ➤ Druk op <spatiebalk>.
> ➤ Druk op de toetsencombinatie Ctrl+B om het vet weergeven te starten.
> ➤ Typ het koppelteken - als opsommingsteken.
> ➤ Druk op de Tab-toets om in te springen.
> ➤ Typ de tekst `Word 2003 1/3 - € 15,00`.

Het gewone koppelteken wordt hier wellicht door Word vervangen door een koppelteken dat iets langer is. We komen hierop later terug.

> ➢ Druk op Ctrl+B om het vet weergeven te beëindigen.
> ➢ Druk op de Enter-toets om een nieuwe regel te beginnen.

Na het drukken op de Enter-toets geeft Word opnieuw een opsommingsteken. Word heeft nl. voorzieningen ingebouwd om opsommingen vlot te laten verlopen. In dit geval wensen we deze niet te gebruiken. We maken de opmaak van Word ongedaan. Wordt geeft u de knop **AutoCorrectie-opties** weer.

De knop verschijnt als u de muiswijzer bij tekst plaatst die automatisch is gewijzigd. Indien u de muiswijzer op de knop plaatst, krijgt u een keuzelijst.

> ➢ Open de keuzelijst.

> ➢ Kies *Automatisch opsommingstekens gebruiken Ongedaan maken.*

Om een volgende paragraaf te laten inspringen bij de eerste tabpositie, gebruiken we de knop *Inspringing vergroten* op de werkbalk *Opmaak*. U kunt ook de toetsencombinatie Ctrl+M gebruiken.

> ➢ Klik op de knop *Inspringing vergroten*.

De cursor staat nu net op de eerste tabstop. We typen de tekst van de paragraaf in.

> ➢ Typ nu de tekst Deze cursus ...

U typt nu de volledige paragraaf in. U merkt dat Word bij de volgende regel automatisch inspringt. Let ook op de markeringen in de liniaal.

9000·GENT¶

¶

¶

¶

¶

uw·bericht·van	→	uw·kenmerk	→	ons·kenmerk	→	Geel¶
2004-06-02	→	e-mail	→	ROF/04124	→	2004-06-09¶

¶

¶

¶

Geachte·heer¶

¶

¶

Naar·aanleiding·van·uw·schrijven·van·2·juni·jl.·kan·ik·u·bevestigen·dat·wij·over·zeer·goede·
cursussen·beschikken·over·Word·2003.·De·prijzen·zijn·bovendien·zeer·scherp.¶

¶

·-·→·Word·2003·1/3·-·€·15,00¶
     Deze·cursus·is·bedoeld·voor·cursisten·die·nog·niet·met·Word·hebben·gewerkt.·Een·
     elementaire·basiskennis·van·Windows·is·wenselijk·maar·niet·noodzakelijk.¶
     ¶

Het inspringen kunt u stopzetten door de knop *Inspringing verkleinen* te gebruiken. Deze bevindt zich eveneens op de werkbalk *Opmaak*. De toetsencombinatie Ctrl+Shift+M doet precies hetzelfde.

➢ Druk op de knop *Inspringing verkleinen* nadat u op de Enter-toets hebt gedrukt om de alinea af te sluiten.
➢ U geeft nu op dezelfde manier de tekst in bij de tweede en derde cursus. Gebruik nu de toetsencombinaties om de inspringing te realiseren.

Ook de rest van de brief kan u nu afmaken. Merk op dat Word u de tekst *Hoogachtend* suggereert indien u *Hoog* intypt op een aparte regel.

➢ Doe!

2.12 Afdrukvoorbeeld

Het document is nu afgewerkt en wellicht klaar om afgedrukt te worden. Toch is het een goede gewoonte om de schikking van de brief nog even na te kijken. Het scherm waarin we tot nu toe gewerkt hebben, kan slechts een beperkt deel van de brief weergeven. Om een idee van de schikking te krijgen, kunnen we het document op het scherm tonen als **afdrukvoorbeeld**.

➢ Kies *Bestand / Afdrukvoorbeeld.*

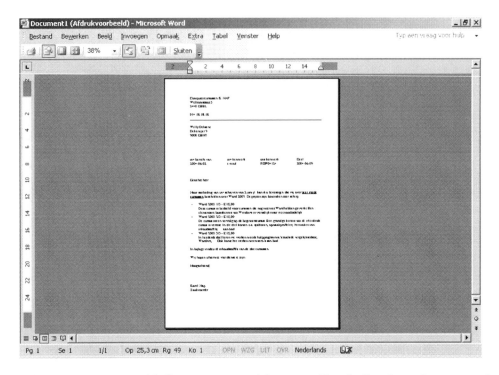

U merkt bovenaan een werkbalk met een aantal knoppen. Vanuit dit scherm kunnen we het document ook afdrukken.

We kunnen m.b.v. het vergrootglas inzoomen op een deel van de tekst. Deze knop *Inzoommodus* is standaard geactiveerd. U merkt dit aan de muiswijzer die gewijzigd is in een vergrootglas indien u hem over de tekst beweegt.

U kunt in deze weergave nog enkele lege lijnen tussenvoegen of verwijderen. Dat doet u door op de knop *Inzoommodus* te klikken. U deactiveert op die manier de inzoommodus. De muiswijzer verandert dan in de vertrouwde I als u hem over de tekst beweegt. Als de schikking naar wens is, keert u terug.

- ➢ Zoom in op een deel van de tekst door te klikken op een bepaalde plaats (als de inzoommodus geactiveerd is).
- ➢ Klik opnieuw op een deel van de tekst om terug het geheel te bekijken.
- ➢ Klik op de knop *Inzoommodus* om deze te deactiveren.
- ➢ Klik nu bv. net onder *Hoogachtend* en druk op de Enter-toets om een extra regel in te voegen.
- ➢ Klik op de knop *Sluiten*.

U kunt het afdrukvoorbeeld ook verkrijgen m.b.v. de knop *Afdrukvoorbeeld* in de werkbalk *Standaard*.

2.13 Een andere look

Word kent verschillende weergaven waarin u met een document kan werken. Afhankelijk van wat u wenst te doen, kiest u een weergave.

2.13.1 Beeld / Normaal

We bekijken de tekst in normale weergave.

> ➢ Kies *Beeld / Normaal*.

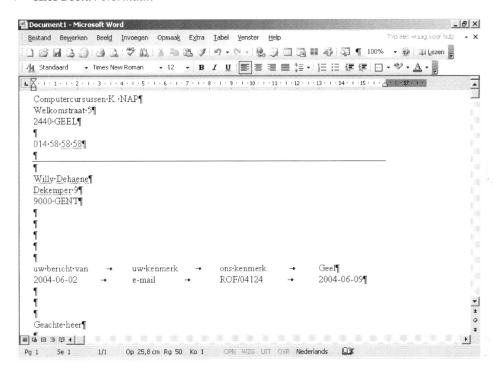

Deze weergave gebruikt u best bij het ingeven van tekst indien u beschikt over een traag computersysteem. Word geeft u de juiste indelingen van de verschillende paragrafen en blad-zijden. Kop- of voetteksten, voetnoten, ... ziet u in deze weergave niet.

De weergave *Normaal* verkrijgt u m.b.v. de menukeuzen *Beeld / Normaal* of door op het pictogram *Normale weergave* te klikken dat u onderaan links in de schuifbalk ziet.

2.13.2 Beeld / Weblay-out

Indien u kiest voor de weergave *Weblay-out* krijgt u het document te zien zoals het op een webpagina zou voorkomen als u het document bewaart als een HTML-bestand. Ook voor deze weergave is een knop voorzien links in de horizontale schuifbalk.

2.13.3 Beeld / Afdrukweergave

Als u kiest voor de weergave *Afdrukweergave* krijgt u ook de boven- en ondermarge, de kop-
en voetteksten, enz... te zien. U krijgt een weergave van de tekst zoals hij wordt afgedrukt.
Als *Beeld / Liniaal* geselecteerd is, krijgt u zowel boven als links een liniaal te zien.

> ➢ Kies *Beeld / Afdrukweergave.*

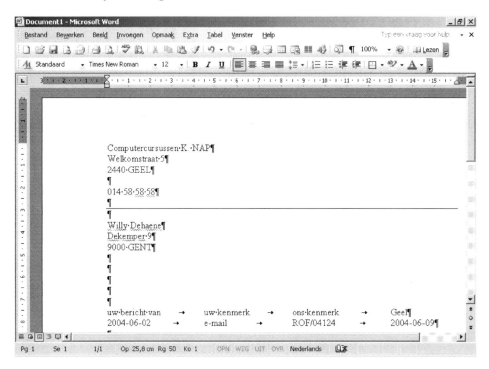

▣ U kunt de weergave *Afdrukweergave* ook selecteren via het pictogram *Afdrukweergave* links
onderaan in de horizontale schuifbalk.

2.13.4 Beeld / Leesindeling

Het document wordt in deze weergave zodanig getoond dat u het gemakkelijk kan lezen. We
openen het document H01VB03s.DOC om het te illustreren.

> ➢ Kies *Bestand / Openen.*
> ➢ Selecteer het bestand H01VB03s.DOC in de map *Word2003_1_Vbn* en klik *Openen.*
> ➢ Kies *Beeld / Leesindeling.*

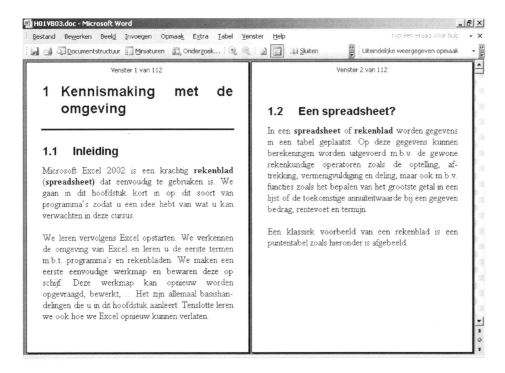

U krijgt hier dus geen juiste indeling in pagina's. Wel krijgt u de tekst in een formaat dat u gemakkelijk kan lezen.

> ➢ Klik op de knop *Sluiten*.

Indien u in Outlook een bijlage in Word opent, zal Outlook het document standaard ook openen in leesindeling.

2.13.5 Beeld / Overzicht

Indien u een langer document maakt, kunt u eerst een ruwe indeling van het document opmaken. Hiervoor wordt de weergave *Overzicht* gebruikt.

Ook indien u een cursus of boek maakt met meerdere hoofdstukken, kunt u elk hoofdstuk als een apart document beschouwen. De verschillende documenten kunnen in één document, een hoofddocument, worden gegroepeerd. U gebruikt hiervoor ook de weergave *Overzicht*. Onderaan links in de schuifbalk is ook een knop voorzien om deze weergave in te schakelen.

> ➢ Kies *Beeld / Overzicht*.

U kan bepaalde niveaus weergeven, tekst tonen of weglaten. We gaan er hier niet verder op in. Het onderwerp wordt behandeld in Word 2003 2/3.

2.13.6 Beeld / Documentstructuur

Indien u gebruik maakt van koppen en stijlen, dan kan u via *Documentstructuur* gemakkelijk doorheen uw document wandelen.

> ➢ Kies *Beeld / Afdrukvoorbeeld.*
> ➢ Kies *Beeld / Documentstructuur* (zie volgende figuur).

Indien u in het linker deelvenster klikt op *Bewerken van een werkmap* dan positioneert de muiswijzer zich onmiddellijk in deze alinea.

> ➢ Experimenteer hier even mee.
> ➢ Kies tenslotte opnieuw voor *Beeld / Documentstructuur* om de optie uit te zetten.
> ➢ We sluiten dit document. Kies *Bestand / Sluiten.*

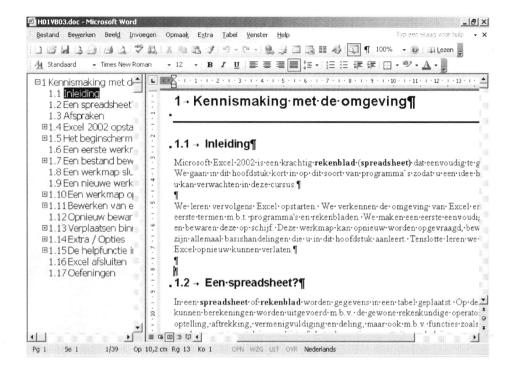

2.13.7 In-/uitzoomen

Het document met de brief is weer actief. U kunt zelf opgeven in welke grootte u uw document wenst te bekijken.

➢ Kies *Beeld / In-/uitzoomen…*

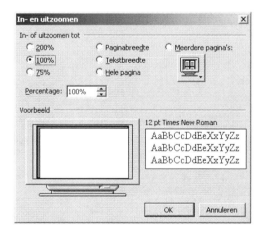

U kunt hier een percentage opgeven. Zelf geef ik de voorkeur aan de keuze *Paginabreedte*. Dat geeft u een zo groot mogelijke weergave die past binnen de grenzen van het scherm.

➢ Selecteer *Paginabreedte* en klik op de knop *OK*.

U kunt het zoompercentage ook instellen via de knop *In-/uitzoomen* in de werkbalk *Standaard*. In de keuzelijst kiest u dan voor *Breedte*.

2.13.8 Beeld / Volledig scherm

Indien de verschillende werkbalken u storen, kunt u ook gebruik maken van het volledige scherm. We illustreren de werking.

➢ Kies *Beeld / Volledig scherm*. U krijgt een bijkomend werkbalkje *Volledig scherm*.

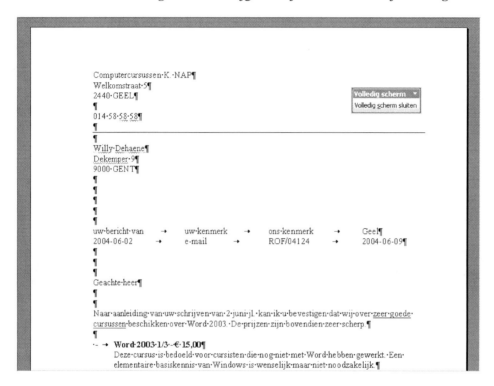

➢ Om terug te keren naar de vorige weergave, klikt u op de knop *Volledig scherm sluiten* in de werkbalk *Volledig scherm*.

Vooraleer we de brief afdrukken, bewaren we hem eerst. We hebben dit reeds aangeleerd in het vorige hoofdstuk.

➢ Bewaar de brief als H02VB01.DOC in de map *Word2003_1*.

2.14 Afdrukken van een document

We hebben een brief gemaakt. Wellicht wensen wij deze ook af te drukken. Het afdrukken van documenten gebeurt in een Windows-toepassing steeds via de menukeuzen *Bestand / Afdrukken*. We illustreren dit.

➢ Kies *Bestand / Afdrukken*.

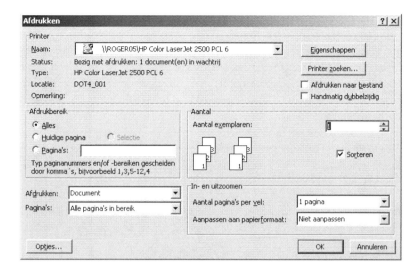

In het kader bovenaan ziet u de instellingen m.b.t. de printer. Bovenaan staat de printer waarop het document wordt afgedrukt. Dit is de printer die u als standaard hebt gekozen in Windows. U kunt een andere (geïnstalleerde) printer selecteren uit de keuzelijst. Met de knop *Eigenschappen* kunt u een aantal eigenschappen van de printer instellen. Het scherm dat u hier verkrijgt, krijgt u ook in Windows als u een printer installeert of de instellingen wijzigt.

I.p.v. het document op de printer af te drukken, kunt u het ook afdrukken naar een bestand. U selecteert dan de optie *Afdrukken naar bestand*. U kunt dit bestand dan bv. op een andere computer - zelfs zonder het programma Word - afdrukken op een printer.

Heel wat printers ondersteunen tegenwoordig het dubbelzijdig afdrukken van documenten. Indien uw printer dit niet ondersteunt, kan u opgeven dat u het document handmatig dubbelzijdig wenst af te drukken. Word vraagt u in dit geval om het papier om te draaien als één kant is afgedrukt.

In het kader *Afdrukbereik* kunt u precies opgeven wat u wenst af te drukken.

Alles   Het ganse document wordt afgedrukt.

Huidige pagina Enkel de bladzijde waarop de invoegpositie staat, wordt afgedrukt. Indien het document slechts uit één enkele bladzijde bestaat, zoals in ons voorbeeld, is het resultaat hetzelfde als bij *Alles*.

Selectie   U kunt een gedeelte van de tekst selecteren en deze selectie afdrukken. De optie is enkel toegankelijk indien u tekst geselecteerd hebt. Hoe u dit doet, leren we in een latere paragraaf.

Pagina's   U kunt ook meerdere bladzijden afdrukken. U moet dan de bladzijden opgeven. Dat doet u als volgt:

      9   enkel de bladzijde 9 wordt afgedrukt;

      3,6 de bladzijden 3 en 6 worden afgedrukt;

      3-5 de bladzijden 3 tot en met 5 worden afgedrukt;

      3-5,7 de bladzijden 3 tot en met 5 en de bladzijde 7 wordt afgedrukt;

      5- de bladzijden vanaf bladzijde 5 worden afgedrukt;

In het kader *Aantal* geeft u in het tekstvak *Aantal exemplaren* het aantal kopieën weer dat u wenst af te drukken. Meestal zal dit slechts één enkele kopie zijn. Indien u meer kopieën afdrukt, kunt u met het aankruisvakje bij *Sorteren* aangeven hoe u de kopieën wenst. Indien u de optie selecteert, wordt eerst de eerste kopie van het document afgedrukt en pas daarna de tweede kopie. Indien u de optie niet selecteert, worden eerst alle exemplaren van blz. 1 afgedrukt, daarna alle exemplaren van blz. 2, enz...

In het tekstvak *Afdrukken* ziet u *Document* staan. Dit betekent dat u de tekst uit het document afdrukt. U kunt hier ook opgeven dat u bv. de documenteigenschappen wenst af te drukken, enz... We gaan hier voorlopig niet op in.

In het tekstvak *Pagina's* kunt u opgeven of u alle pagina's wenst af te drukken of enkel de even of oneven pagina's.

De optie *Aantal pagina's per vel* laat u toe om meerdere pagina's van het document op elk vel papier af te drukken. De tekst wordt natuurlijk kleiner indien u twee pagina's op één A4-tje afdrukt.

Met de optie *Aanpassen aan papierformaat* wordt het document passend gemaakt voor het geselecteerde papierformaat. De grootte van het lettertype en de afbeeldingen worden aangepast.

De knop *Opties* geeft u nog bijkomende instellingen. U krijgt hier het tabblad *Afdrukken* dat u ook verkrijgt bij de menukeuze *Extra / Opties*.

➢ Om het afdrukken te starten, klikt u op *OK*.

Word drukt het document nu af. In feite geeft Word het document door aan *Afdrukbeheer* van Windows. Afdrukbeheer is dat deel van Windows dat alles m.b.t. het afdrukken beheert.

Even later rolt uw brief wellicht uit de printer en bent u de trotse bezitter van uw eerste brief in Word 2003 ...

 In de standaardbalk kunt u ook het pictogram *Afdrukken* kiezen om een document af te drukken. Word drukt onmiddellijk het document af met de standaardwaarden die in het dialoogvenster voorkomen.

➢ We sluiten het document. Kies *Bestand / Sluiten*.

2.15 Tabstops plaatsen met de liniaal

2.15.1 <u>Plaatsen van tabstops</u>

We hebben eerder in dit hoofdstuk tabstops geplaatst m.b.v. de menukeuzen *Opmaak / Tabs*. U kunt tabstops echter ook instellen via de liniaal. We vertrekken van een nieuw document.

➢ Klik op het pictogram *Nieuw leeg document* in de werkbalk *Standaard*.
➢ Zorg ervoor dat de liniaal op het scherm aanwezig is. Indien dit bij u niet zo is, kiest u *Beeld / Liniaal*.

Onderaan in de liniaal merkt u kleine streepjes. Deze streepjes geven de tabstops aan die Word standaard plaatst. U ziet elke 1,25 cm een streepje. We geven wat waarden in.

> Typ de letter a en druk op de Tab-toets. Wellicht verandert Word de kleine letter *a* in een hoofdletter. In het begin van een zin wijzigt Word immers een kleine letter in een hoofdletter (tenzij u de optie afzet). U mag de hoofdletter hier laten staan.
> Typ boek en druk op de Tab-toets.
> Typ 3,456 en druk op de Tab-toets.
> Typ d en druk op de Entertoets.

Indien u de Tab-tekens niet ziet, kan u de codes weergeven.

> Klik op de knop *Weergeven/verbergen* indien u de Tab-tekens niet ziet.

A → boek→ 3,456→d¶
¶

Elke druk op de Tab-toets wordt nu met een pijltje rechts weergegeven. We plaatsen de cursor bovenaan het document.

> Druk op de toetsencombinatie Ctrl+Home.

We plaatsen nu zelf enkele tabstops op de liniaal. We klikken daartoe op de juiste positie in het onderste grijze gedeelte van de liniaal.

> Klik in de liniaal op 3 cm

U merkt dat Word een tabstop plaatst op 3 cm. U merkt in de liniaal, op 3 cm, het teken ∟. U merkt ook dat de tabstops die zich links van de zelf geplaatste tabstop bevonden, verdwenen zijn. We hebben nu een linker tabstop toegevoegd.

∟ Het type tabstop geeft u aan door dit type te selecteren helemaal links in de liniaal. Indien u klikt op dit teken, krijgt u achtereenvolgens de tekens voor een gecentreerde, rechter, decimale tabstop en een lijn. Ook de symbolen voor *Eerste regel inspringen* en *Verkeerd-om inspringen*, komen in de cyclus voor. Hierop komen we later terug.

We selecteren nu een decimale tabstop.

> Klik drie keer op het tabstop-type (helemaal links in de liniaal).
> Klik in de liniaal op 5 cm om deze decimale tabstop te plaatsen.
> Plaats nu zelf nog een rechter tabstop op 10 cm.

U merkt dat telkens de standaard ingestelde tabstops die zich links bevinden van een tabstop die we zelf instellen, verwijderd worden.

2.15.2 Verplaatsen van een tabstop

Indien u een tabstop wenst te verplaatsen, sleept u het teken dat de tabstop voorstelt naar een andere positie.

➢ Sleep de tabstop die zich bevindt op 10 cm naar 11 cm.

2.15.3 Verwijderen van een tabstop

U kunt een tabstop verwijderen door het teken van de tabstop naar het document toe te slepen.

➢ Plaats een tabstop op 14 cm.
➢ Verwijder de tabstop door de tabstop naar het document toe te slepen (weg van de liniaal).

2.15.4 Wijzigen van type

Indien u een tabstop van type wenst te wijzigen, dubbelklikt u op het teken van de tabstop in de liniaal. U krijgt dan het dialoogvenster *Tabs*. Hier kunt u het type van de tabstop wijzigen.

➢ Probeer dit uit.
➢ Sluit daarna het document zonder de inhoud ervan te bewaren.

2.16 Selecteren van tekst

2.16.1 Voorbeeld openen

In het voorbeeld H02VB01.DOC hebben we tekst onderstreept en in het vet afgedrukt m.b.v. de toetsencombinaties Ctrl+U en Ctrl+B. We hebben deze toetsencombinaties ingedrukt voor en na het typen van de tekst.

Dikwijls maakt u een tekst pas op als hij al getypt is. In dit geval moet u eerst de woorden die u wenst te benadrukken selecteren en daarna aangeven of u ze vet, schuin of onderstreept wenst te zien. We illustreren dit.

➢ Open het document H02VB02s.DOC dat u in de map *Word2003_1_Vbn* vindt.

2.16.2 Selecteren door te slepen

We selecteren het titeltje 'MS-DOS' door de cursor op de M te plaatsen en de muiswijzer te slepen tot na de S. Het geselecteerde wordt in het zwart weergegeven.

➢ Selecteer de tekst *MS-DOS*.

Met geselecteerde tekst kan u meerdere dingen doen. Indien u bv. gewoon begint te typen op uw toetsenbord, wordt de geselecteerde tekst verwijderd en vervangen door de tekst die u ingeeft. Dat proberen we eerst uit.

➢ Typ de letter M.

U merkt dat de tekst 'MS-DOS' verwijderd is en dat deze vervangen wordt door de tekst - in dit geval de letter M - die u intypt.

Als u enkel de geselecteerde tekst wenst te verwijderen, drukt u op de Delete-toets.

➢ Typ het woord MS-DOS opnieuw in.

2.16.3 Selecteren... een overzicht

Tekst kan ook geselecteerd worden door te klikken, dubbelklikken, enz. Afhankelijk van het aantal keer dat u klikt, wordt een ander tekstdeel geselecteerd. We geven in een tabel de voornaamste mogelijkheden weer.

Selecteer	Met de muis voert u volgende handeling uit
Willekeurig stuk tekst	U sleept de muiswijzer over de gewenste tekst. U kunt ook de cursor op de beginpositie plaatsen, de Shift-toets inhouden en op de eindpositie klikken.
Woord	Dubbelklik op het woord.
Zin	Om een zin te selecteren, houdt u de Ctrl-toets ingedrukt en u klikt in de zin.
Regel	Klik in de zone links van de regel (in de linker marge). We noemen deze zone de **selectiebalk**. IBM· introduceerde· in· 1981· haar· moment· draaiden· de· meeste·
Meerdere regels	U sleept de muiswijzer langs meerdere regels in de selectiebalk.
Alinea	Dubbelklik in de selectiebalk. U kunt ook drie keer klikken in de alinea zelf.
Meerdere alinea's	Klik in de selectiebalk en sleep de muiswijzer langs meerdere alinea's.
Document	U houdt de Ctrl-toets in en u klikt in de selectiebalk of u klikt drie keer in de selectiebalk of u drukt op de toetsencombinatie Ctrl+A.
Rechthoekig stuk tekst	U drukt de Alt-toets in en u houdt deze in. Daarna klikt u in de linker bovenhoek van de gewenste rechthoek en u sleept de muiswijzer naar de rechter onderhoek.
Meerdere stukken tekst	U selecteert het eerste stuk tekst en u houdt de Ctrl-toets in terwijl u de overige stukken tekst selecteert.

Indien u tekst hebt geselecteerd, kunt u de selectie ongedaan maken door in een niet geselecteerd stuk tekst te klikken. U kan ook op een pijltjestoets drukken.

➢ Experimenteer naar hartelust met deze technieken op het voorbeeld H02VB02s.DOC.

2.16.4 Selecteren m.b.v. menukeuzen

Indien u het ganse document wenst te selecteren, kunt u ook gebruik maken van de menukeuze *Bewerken / Alles Selecteren*.

2.16.5 Selecteren m.b.v. de functietoets F8

U kunt tekst ook selecteren m.b.v. de zgn. **uitbreidingsmodus** van Word. U positioneert de cursor in het begin van de te selecteren tekst; u drukt op de functietoets F8 en u verplaatst de cursor met de cursortoetsen naar het einde van de te selecteren tekst.

Indien u op de functietoets F8 drukt, wordt de indicator UIT in de statusregel opgelicht. I.p.v. de functietoets F8 te gebruiken, kunt u trouwens ook dubbelklikken op deze indicator.

U kunt de uitbreidingsmodus opheffen door op de Escape-toets te drukken.

Persoonlijk vind ik deze manier van werken meestal niet zo praktisch. Ze is wel erg nuttig indien u grote stukken tekst, bv. over meerdere bladzijden, wenst te selecteren.

Indien u twee keer klikt op de functietoets F8 wordt het woord geselecteerd waarin de invoegpositie zich bevindt. Indien u drie keer klikt op de functietoets F8 wordt de zin geselecteerd, als u vier keer klikt wordt de alinea geselecteerd. Als u daarna nogmaals klikt, is het ganse document geselecteerd.

➢ Probeer de verschillende mogelijkheden van de uitbreidingsmodus uit.

2.16.6 Word selecteert woorden automatisch

Word selecteert automatisch het ganse woord als u – bij een selectie waarbij meerdere woorden betrokken zijn - een deel van een woord selecteert. Soms is dit lastig. U kunt de instelling wijzigen.

➢ Kies *Extra / Opties* en selecteer het tabblad *Bewerken*.

In de figuur (zie volgende figuur) merkt u dat de optie *Bij selecteren automatisch heel woord selecteren* is ingeschakeld.

➢ Schakel de optie uit en in en probeer het verschil uit.

2.17 Een geselecteerde tekst opmaken

Als een tekst geselecteerd is, kunt u deze vet of schuin afdrukken of onderstrepen. We illustreren de werking. We onderstrepen de tekst MS-DOS. U kan een tekst onderstrepen m.b.v. de toetsencombinatie Ctrl+U. U kan evenwel ook de knop *Onderstrepen* gebruiken in de werkbalk *Opmaak*.

➢ Selecteer de tekst *MS-DOS* en klik op de knop *Onderstrepen*.
➢ Klik ergens in het tekstscherm om de selectie ongedaan te maken.

Indien u onderstreepte tekst opnieuw gewoon wenst af te drukken, herhaalt u de vorige procedure.

➢ Selecteer de tekst *MS-DOS* en klik op de knop *Onderstrepen*.
➢ Druk bv. op ↓ om de selectie ongedaan te maken.

De tekst MS-DOS is nu niet meer onderstreept.

➢ Zorg er nu zelf voor dat de titeltjes 'MS-DOS' en 'MS-Windows' onderstreept zijn.

We leggen meteen ook de andere knoppen uit.

B   Ctrl+B   Indien u tekst vet wenst weer te geven, kunt u dit met de knop *Vet*.

I   Ctrl+I   Indien u tekst schuin wenst weer te geven, kunt u dit met de knop *Cursief*.

U   Ctrl+U   Indien u tekst wenst te onderstrepen, kunt u dit met de knop *Onderstrepen*.

2.18 Wissen van tekst

Om tekst te wissen, zijn er verschillende mogelijkheden. U kunt gebruik maken van een aantal toetsen en toetsencombinaties. We geven ze weer in de volgende tabel.

Toetsencombinatie	Omschrijving
Delete	Het karakter dat zich juist na de invoegpositie bevindt, wordt gewist.
Backspace	Het karakter voor de invoegpositie wordt gewist.
Ctrl+Delete	Het volgende woord wordt gewist of, als de invoegpositie zich in een woord bevindt, worden de resterende letters gewist.
Ctrl+Backspace	Het vorige woord wordt gewist of, als de invoegpositie zich in een woord bevindt, worden de vorige letters gewist.

U kunt ook eerst een tekst selecteren en op de Delete-toets drukken. We wissen bv. de tekst die tussen gedachtestreepjes staat in de tweede paragraaf.

> ➢ Selecteer de tekst - *en slechts op enkele hulpprogramma's na afwijkt van PC-DOS -.*
> ➢ Druk op de Delete-toets.

De tekst is verwijderd.

2.19 Verwijderingen ongedaan maken

De tekst die u zojuist hebt verwijderd, kan u nog terug oproepen.

> ➢ Kies *Bewerken / Ongedaan maken Wissen.*

De menukeuze *Ongedaan maken Wissen* past zich aan, aan de actie die ondernomen is. Zo vindt u soms de teksten *Ongedaan maken Typen, Ongedaan maken Vet,* enz… Soms kunt u een actie niet meer ongedaan maken en vindt u de menukeuze *Ongedaan maken Onmogelijk.*

De tekst staat opnieuw in het document. Hij is nog geselecteerd.

U kunt uw meest recente bewerking het snelst ongedaan maken door te klikken op de knop *Ongedaan maken* in de werkbalk *Standaard.* U kan ook de sneltoets Ctrl+Z gebruiken.

Indien u meerdere bewerkingen ongedaan wenst te maken, opent u het menu bij de knop *Ongedaan maken.* Vervolgens selecteert u de bewerkingen die u ongedaan wilt maken. U kan ook meerdere keren op de toets *Ongedaan maken* klikken of meerdere keren de toetsencombinatie Ctrl+Z gebruiken. Word kan heel wat bewerkingen ongedaan maken.

2.20 Herhalen of Opnieuw

Met de opdracht *Herhalen* herhaalt u de laatste bewerking in een document, bv. het typen van tekst, het toepassen van opmaak, enz... U krijgt dan bv. de menukeuzen *Herhalen Typen* of *Herhalen Vet.* Dit is afhankelijk van de meest recente bewerking. Als u de meest recente bewerking niet kunt herhalen, ziet u in plaats van de opdracht *Herhalen* het bericht *Herhalen onmogelijk*.

Wanneer u een bewerking ongedaan maakt met de opdracht *Ongedaan maken*, verandert de opdracht *Herhalen* in *Opnieuw*. Stel dat u een tekstgedeelte vet hebt gemaakt en vervolgens deze opmaak weer hebt verwijderd met de opdracht *Ongedaan maken*, dan kan u de tekst opnieuw vet maken door de opdracht *Opnieuw* te kiezen.

 U kunt uw meest recente bewerking het snelst opnieuw uitvoeren of herhalen door te klikken op de knop *Opnieuw* in de werkbalk *Standaard*. U kan ook de sneltoets Ctrl+Y gebruiken.

2.21 Knippen en plakken

We kunnen een stukje tekst op verschillende manieren verplaatsen: via menukeuzen, door te slepen of door gebruik te maken van de knoppen op de standaardbalk. We overlopen de verschillende mogelijkheden.

2.21.1 Via menukeuzen

We selecteren de derde paragraaf van het document en zullen deze na de vierde paragraaf verplaatsen.

> ➢ Selecteer de derde paragraaf *Een compatibele ...* Zorg er ook voor dat u de lege regel na de paragraaf mee selecteert.
> ➢ Kies *Bewerken / Knippen*.

De tekst is nu uit het document geknipt. We plakken het nu op een andere plaats.

> ➢ Positioneer de invoegpositie in het begin van *In de loop der jaren ...*
> ➢ Kies *Bewerken / Plakken*.

De eerder verwijderde tekst wordt nu ingevoegd op de plaats van de invoegpositie. Dit principe om tekst te verplaatsen, staat gekend als **knippen en plakken** of **cut and paste**.

Merk op dat u een knop **Plakopties** krijgt. De functie van deze knop is analoog als bij de knop *AutoCorrectie Opties*. Indien u de muiswijzer op de knop plaatst, kan u weer een keuzelijst openen.

Indien u de tekst wenst te kopiëren i.p.v. te verplaatsen, kiest u de menukeuze *Kopiëren* i.p.v. *Knippen*.

De geselecteerde tekst wordt door de menukeuze *Knippen* of *Kopiëren* naar het klembord (clipboard) van Windows gekopieerd. De tekst kan daarna in hetzelfde maar ook in een ander document van Word of zelfs in een andere toepassing gebracht worden met de menukeuze *Plakken*.

2.21.2 Drag-and-drop

Het verplaatsen van tekst kan ook door de tekst naar een andere plaats te slepen. We spreken van het **drag-and-drop** of het **slepen en neerzetten** principe. We herstellen de oorspronkelijke situatie.

➢ Selecteer de paragraaf *Een compatibele ...*
➢ Sleep de paragraaf voor de paragraaf *Een IBM compatibele ...*

Indien u de tekst wenst te kopiëren i.p.v. te verplaatsen, houdt u de Ctrl-toets ingedrukt, terwijl u sleept.

2.21.3 Drag-and-drop met de rechtermuisknop

Indien u sleept met de rechtermuisknop kunt u na het slepen nog kiezen of u de selectie verplaatst of kopieert.

➢ Selecteer de paragraaf *Een compatible computer ...*
➢ Sleep m.b.v. de rechtermuisknop de selectie onder de paragraaf *Een IBM-compatibel ...*
➢ Laat de muisknop los. U krijgt volgend snelmenu.

➢ Klik *Annuleren*.

2.21.4 Via de knoppen op de standaardbalk

Knippen, kopiëren en plakken, kunnen we ook m.b.v. de knoppen op de standaardbalk of door gebruik te maken van sneltoetsen.

	Knippen	Ctrl+X
	Kopiëren	Ctrl+C
	Plakken	Ctrl+V

U kan niet alleen plakken of kopiëren naar een andere plaats in hetzelfde document maar ook naar een ander document, of zelfs naar een andere toepassing.

2.22 Verzamelen en plakken

De techniek *Knippen* (of *Kopiëren*) en *Plakken* komt in elke Windows-toepassing voor. In Word kan u ook meerdere tekstfragmenten kopiëren naar het klembord en de tekstfragmenten pas daarna plakken. U krijgt een overzichtelijke weergave via een taakvenster. We illustreren de werking.

> ➤ Kies *Beeld / Taakvenster* indien het taakvenster bij u niet zichtbaar is.
> ➤ Bovenaan in het taakvenster merkt u een keuzelijst waarin u een bepaald taakvenster kan selecteren. Selecteer het taakvenster *Klembord*.
> ➤ Selecteer de alinea *IBM introduceerde...* en klik op de knop *Kopiëren*. U merkt dat de selectie in het taakvenster verschijnt.
> ➤ Selecteer de alinea *Een compatibele computer...* en klik op de knop *Kopiëren*. Ook deze selectie verschijnt in het taakvenster.

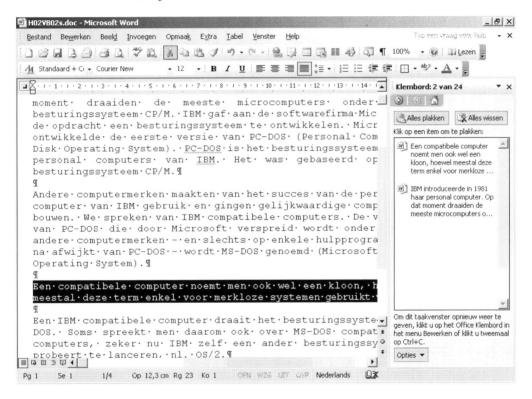

> ➤ We openen een nieuw document. Klik op de knop *Nieuw leeg document* in de werkbalk *Standaard*.
> ➤ Indien het taakvenster niet zichtbaar is, maakt u het zichtbaar. U kiest weer *Beeld / Taakvenster*. Selecteer het taakvenster *Klembord*.

U kan nu de knop *Alles plakken* gebruiken om alle tekst in het nieuwe document te plakken. U kan de tekstfragmenten ook één voor één in het document plaatsen.

> ➤ Klik op de knop *Alles plakken*.

Het taakvenster *Klembord* kan u ook verkrijgen m.b.v. de toetsencombinatie Ctrl+C+C of via de menukeuzen *Bewerken / Office Klembord*. U kan 24 items bewaren in het klembord. U kan deze niet alleen binnen Word kopiëren en plakken maar ook in toepassing van Microsoft Office.

2.23 Meerdere bestanden tegelijkertijd sluiten

We sluiten de beide bestanden. Dat kunnen we tegelijkertijd. We hebben dit trouwens al eens aangehaald in een oefening.

- ➢ Houd de Shift-toets in en kies *Bestand*.
- ➢ U krijgt nu een menukeuze *Alles sluiten*. U kiest deze.
- ➢ Klik op *Nee* bij de vragen of u de wijzigingen wenst te bewaren.

2.24 Infolabels

We hebben in dit hoofdstuk twee pictogrammen gezien die door Word in de tekst worden geplaatst na een bepaalde actie, nl. *AutoCorrectie-opties* en *Plakopties*. Er zijn nog andere soortgelijke pictogrammen.

2.24.1 Infolabel bij een naam

Het pictogram **Infolabel** verschijnt als Word bv. een naam herkent uit het adresboek van Outlook. We illustreren de werking (voor gebruikers van Outlook).

- ➢ Open een nieuw document.
- ➢ Typ nu een naam die voorkomt in uw adresboek. De naam wordt paars onderlijnd.
- ➢ Plaats de muiswijzer op de paarse lijn. U krijgt een infolabel.

- ➢ Open de keuzelijst.

- ➢ Kies *Adres invoegen*.

Het adres van de persoon wordt ingevoegd.

2.24.2 Instellen

Infolabels zijn veelbelovend. U kan als volgt op zoek gaan naar nieuwe labels.

> ➢ Kies *Extra / AutoCorrectie-opties.*
> ➢ Selecteer het tabblad *Infolabels.*

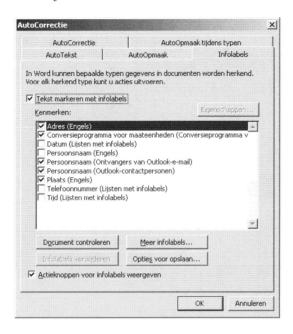

> ➢ Selecteer *Datum (Lijsten met infolabels).*

U merkt dat enkele opties enkel van toepassing zijn voor het Engels. Indien u op de knop *Meer infolabels* klikt, neemt Word u mee naar het internet en presenteert het info labels die ter beschikking zijn. Bij het schrijven van deze cursus waren er enkel betalende infolabels bijkomend ter beschikking.

> ➢ Klik op *OK* om het dialoogvenster te sluiten.

2.24.3 Infolabel bij een datum

We hebben net ingesteld dat Word u een infolabel toont bij datums.

> ➢ Typ 2004-06-09. De datum wordt paars onderlijnd.
> ➢ Plaats de muiswijzer op de lijn. Open de keuzelijst van de infolabel.

Indien u nu kiest voor *Vergadering plannen* wordt het dialoogvenster *Vergadering* van Outlook geopend.

> ➢ Sluit het document zonder het te bewaren.

2.25 Oefeningen

Oefening 1

U vindt het resultaat van deze oefening in bijlage H02OEF01.DOC.

De linkermarge bedraagt 3 cm, de rechtermarge 2 cm. Het lettertype is *Times New Roman, 12 pt.*

De datum bovenaan is de systeemdatum die als tekst is weergegeven. Er is hiervoor een rechtse tabulatorstop voorzien op 16 cm.

De titel is vet en onderstreept.

De titel "Enkele inlichtingen" is onderstreept. De teksten *Swing it Off* en *Het schurend scharniertje* zijn vet en cursief afgedrukt.

Om de opsomming te realiseren, gebruikt u de knop *Opsommingstekens* in de werkbalk *Opmaak*. Om de opsomming te stoppen, klikt u nogmaals op de knop. U moet de opsomming stoppen na het vierde punt en terug hervatten bij het vijfde punt. Na het vierde punt wordt een linker tabulatorpositie op 2 cm en een decimale tabstop met voorlooppuntjes op 8 cm geplaatst. De decimale tabstop wordt voor het lijntje gewijzigd in een rechter tabstop zonder voorlooppuntjes. U past ook de positie aan.

Indien Word de opmaak wijzigt, zonder dat u dat wenst, dan kunt u onmiddellijk de menukeuze *Bewerken / Ongedaan maken* kiezen. U kan ook de toetsencombinatie Ctrl+Z gebruiken.

Geef i.p.v. 'Pros Per' uw eigen naam in. U bewaart het document onder H02OEF01.DOC. Druk de brief af.

Oefening 2

U maakt het menu dat u vindt in bijlage H02OEF02.DOC. Het hoort eigenlijk bij de vorige brief. We maken er voorlopig een ander document van.

De linkermarge bedraagt 3 cm, de rechtermarge 2 cm. Het lettertype is *Times New Roman, 12 pt*. U gebruikt een tabstop op 8 cm om de tekst te centreren. Tussen elke regel laat u twee blanco lijnen.

Bewaar het document als H02OEF02.DOC.

Oefening 3

U vindt het resultaat van deze oefening in bijlage H02OEF03.DOC. Probeer zelf de nodige tabstops in te voegen. Bewaar het document als H02OEF03.DOC. Zet uw naam onderaan en druk het document af.

Oefening 4

In bijlage H02OEF04.DOC ziet u strookjes met een uitnodiging voor een open-deur-dag. U typt enkel het eerste strookje in. De andere strookjes verkrijgt u door het eerste strookje een aantal maal te kopiëren. De onder- en bovenmarge stelt u in op 1,5 cm. Bewaar het resultaat op schijf als H02OEF04.DOC.

Oefening 5

Het resultaat van deze oefening vindt u in bijlage, H02OEF05.DOC. U opent het bestand H02OEF02.DOC. Dit menu heeft u in een vorige oefening ingetypt. Met behulp van de techniek van knippen en plakken zorgt u voor het gewenste resultaat. U bewaart het resultaat als H02OEF05.DOC.

Oefening 6

U opent het bestand H02OEF01.DOC. De opsommingen van de inlichtingen staan niet in de juiste volgorde. U plaatst de opsommingen in de volgorde zoals u die ziet in bijlage H02OEF06.DOC. U bewerkstelligt dit m.b.v. het drag-and-drop-principe. U voegt ook het resultaat H02OEF05.DOC toe (op een aparte bladzijde). U kan een bestand invoegen m.b.v. de menukeuzen *Invoegen / Bestand*. Bekijk het document als afdrukvoorbeeld. Bewaar het resultaat als H02OEF06.DOC.

Oefening 7

De knop *AutoCorrectie-opties* krijgt u als u de muiswijzer bij een stukje tekst plaatst dat automatisch is opgemaakt. Standaard staat Word zodanig ingesteld dat de eerste letter van een zin in een hoofdletter veranderd wordt. Typ in een nieuw document een zin die begint met een kleine letter. Indien de letter wijzigt in een hoofdletter, plaatst u de muiswijzer op de hoofdletter. U krijgt een knop *AutoCorrectie-opties*. Test uit.

Oefening 8

Indien u een document bewaart, doet u dit in een formaat dat eigen is aan Word. U kan een document ook in een ander formaat opslaan, bv. als een webpagina, of als een tekstbestand (u hebt in dat geval bijna geen opmaak meer), als een bestand voor WordPerfect, enz. Open het document H02OEF05.DOC en bewaar het als:

- webpagina (HTML-bestand) H02OEF08.HTM.
  Open dit bestand nadien met Internet Explorer.
- RTF-bestand H02OEF08.RTF, Rich Text Format, een formaat dat de meeste tekstverwerkingspakketten kunnen lezen en nog vrij rijk is aan opmaak.
  Open dit bestand nadien met WordPad.
- tekstbestand H02OEF08.TXT.
  Open dit bestand nadien met Kladblok.

Oefening 9

Indien u in Word een document bewaart, wordt ook de auteur van het document bewaard. Word neemt hiervoor de naam die bij de gebruikersinformatie is opgenomen. Zoek de instelling waar u de gebruikersinformatie opgeeft. U kan de auteur in Verkenner aflezen.

Ga dit na. Wijzig de gebruikersinformatie en test uit.

3 Groot, groter, grootst

3.1 Inleiding

Indien u in Word documenten maakt, moet u een inzicht hebben in de manier waarop Word deze tekst opmaakt. Globaal kunnen we stellen dat Word drie types van opmaak heeft:

- Tekenopmaak
  Deze opmaak heeft betrekking op het lettertype, de tekengrootte, het al of niet vet afdrukken van tekst, de kleur van de tekst, enz. U vindt de meeste mogelijkheden terug in het dialoogvenster *Lettertype*.
- Alineaopmaak
  De alineaopmaak heeft betrekking op het uitlijnen van tekst, de regelafstand, enz. U vindt de mogelijkheden terug in het dialoogvenster *Alinea*.
- Opmaak van secties
  Indien u verschillende kop- of voetteksten in een document wenst te plaatsen, moet u het document opdelen in secties. Dit komt bv. voor bij het maken van een boek. Elk hoofdstuk krijgt in dat geval wellicht een andere kop- of voettekst.

In dit hoofdstuk leren we eerst werken met lettertypes. In Windows beschikt u over verschillende lettertypes. Deze kunnen in elke toepassing die draait onder Windows, en dus ook in Word, gebruikt worden.

We geven enkele voorbeelden van alineaopmaak. We leren bv. hoe we een tekst kunnen uitlijnen. Ook het inspringen van tekst, de regelafstand in alinea's, enz. komen aan bod.

Secties en de opmaak van secties behouden we voor een volgend hoofdstuk.

3.2 Lettertypen

In Windows beschikt u over meerdere lettertypes. U kunt ze gebruiken in elke Windows-toepassing.

Er zijn verschillende soorten **lettertypes** of **fonts** geïnstalleerd onder Windows.

Er zijn lettertypes die specifiek ontworpen zijn voor schermen. We noemen ze **schermlettertypes**. Zij kunnen niet afgedrukt worden op een printer. Als u het document afdrukt, zal het lettertype gekozen worden dat de printer ondersteunt en dat het dichtst aanleunt bij het gekozen lettertype.

Er zijn ook lettertypes die specifiek bij een printer horen: **printerlettertypes**. Hier zijn drie soorten:

- lettertypes die ingebakken zijn in het geheugen van de printer;
- lettertypes die worden verkocht in de vorm van cassettes die u in de printer moet steken;
- lettertypes in de vorm van software (soft fonts) die geladen worden in het geheugen van de printer.

Op printerlettertypes zullen we in deze cursus niet verder ingaan.

De lettertypes die in Windows het meest gebruikt worden, zijn de **TrueType-lettertypen**. Het zijn lettertypes die zowel gebruikt worden op het scherm van de computer als op de printer. TrueType-lettertypen zijn schaalbaar. Dit betekent dat u ze in alle groottes kunt gebruiken. Dit is niet zo bij typische schermlettertypes en de meeste lettertypes die bij een printer horen. TrueType-lettertypen worden gratis bij Windows meegeleverd. Ook heel wat producenten van programma's leveren bij hun pakket gratis enkele TrueType fonts. Het is de standaard geworden in Windows m.b.t. lettertypes.

Adobe, een andere grote software-fabrikant, heeft eigen lettertypen, Adobe PostScript Type 1 Fonts, genoemd. Microsoft en Adobe hebben een aantal afspraken gemaakt om het makers en gebruikers van de lettertypen van het type TrueType en Adobe PostScript Type 1 gemakkelijker te maken. Dat resulteerde in Windows 2000 in een nieuwe variant, de **OpenType-lettertypen**, ook wel True Type Open versie 2 genoemd.

3.3   Lettertype kiezen

In bijlage vindt u het voorbeeld H03VB01.DOC waarin gebruik gemaakt is van meerdere lettertypes. We werken dit voorbeeld uit. We vertrekken van een nieuw document.

> Open Word en open eventueel een nieuw document.
> We kiezen nu een lettertype. Kies *Opmaak / Lettertype* en selecteer het tabblad *Lettertype.*

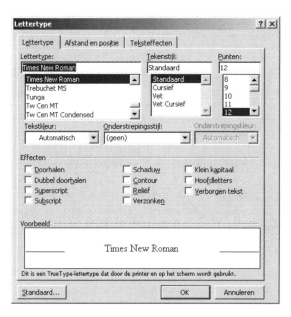

3.3.1   <u>Lettertype</u>

Word kiest bij het installeren van het pakket het lettertype *Times New Roman* als standaard basislettertype. Het is het lettertype dat geselecteerd is in het dialoogvenster.

In het kader *Lettertype* kiest u de naam van het lettertype. Hoeveel lettertypes u ter beschikking hebt, is afhankelijk van de pakketten die u hebt geïnstalleerd. Veel pakketten leveren immers lettertypes bij. Deze worden geïnstalleerd bij de installatie van het pakket. U kan ook afzonderlijk lettertypes kopen. Ook op het internet kan u lettertypes downloaden. Sommige lettertypes zijn gratis, andere moet u betalen.

We kiezen hier voor het lettertype *Arial*. Indien dit lettertype bij u niet is geïnstalleerd, neemt u gewoon een ander. Het lettertype *Arial* is een TrueType-lettertype. Onderaan het dialoogvenster meldt Word dit trouwens.

➢ Kies het lettertype *Arial*.

3.3.2   Tekenstijl

U kunt ook de stijl van de tekst opgeven. Hier hebt u meestal de volgende mogelijkheden: *Standaard* (gewoon lettertype), *Cursief*, *Vet*, *Vet Cursief*.

➢ Kies *Vet Cursief* bij *Tekenstijl*.

3.3.3   Punten

U kiest ook de tekengrootte in het vak *Punten*. Deze grootte wordt gemeten in punten. Eén punt is gelijk aan 1/72 inch (1 inch =2,54 cm). We kiezen een tekengrootte van 18 punten.

➢ Kies 18 bij *Punten*. U mag natuurlijk ook 18 intypen.

3.3.4   Proportioneel en niet-proportioneel lettertype

Een **niet-proportioneel lettertype** is een lettertype waarbij elke letter evenveel plaats in beslag neemt: een i neemt evenveel plaats in als een w. Bij een **proportioneel lettertype** is dit niet het geval. Een letter neemt maar zoveel plaats in als hij nodig heeft. En zo hoort het (meestal)!

In deze cursus is de meeste tekst in een proportioneel lettertype afgedrukt. De tekst die u moet intypen, wordt in de acties in een niet-proportioneel lettertype weergegeven (bv. `viseten`).

Het lettertype *Arial* dat we gekozen hebben, is een proportioneel lettertype.

3.3.5   Bevestigen en gegevens intypen

In het voorbeeld onderaan het dialoogvenster ziet u het lettertype met opmaak en grootte.

➢ Klik op *OK* om het venster te sluiten.

We typen nu de tekst in van het voorbeeld.

➢ Typ `De koffiekas` en druk op de Enter-toets.

Het adres en het telefoon- en faxnummer geeft u in een kleinere tekengrootte in. U kan een andere tekengrootte kiezen in de keuzelijst *Tekengrootte* in de werkbalk *Opmaak* of u kan het dialoogvenster *Lettertype* opnieuw oproepen.

> ➤ Kies *Opmaak / Lettertype* en selecteer het tabblad *Lettertype*.
> ➤ Kies *14* bij *Punten* en klik op *OK*.
> ➤ Geef nu het adres, telefoon- en faxnummer in.
> ➤ Na het faxnummer voegt u nog twee extra lege regels toe.
> ➤ Positioneer de muiswijzer op de voorlaatste alinea.

We voegen de lijn toe. Indien de werkbalk *Tabellen en randen* niet zichtbaar is, maakt u hem zichtbaar.

> ➤ Klik op de knop *Tabellen en randen* in de werkbalk *Standaard*.
> ➤ We maken de lijn wat dikker. Selecteer de dikte 2¼ pt in de werkbalk *Tabellen en randen*.
> ➤ Klik op de knop *Bovenrand* in de werkbalk *Tabellen en randen*.
> ➤ Plaats de invoegpositie één lijn lager.
> ➤ Na de lijn geeft u als lettertype *Times New Roman* in met een tekengrootte van 12 punten en tekenstijl *Standaard*.

Indien u een lijn trekt, wordt deze opgenomen in de opmaak van de alinea. Indien u achteraf op de Enter-toets drukt, wordt deze lijn mee opgenomen in de alineaopmaak van de volgende alinea, ook al ziet u de lijn niet meer. Achteraf hebt u hier dikwijls problemen mee. Indien u een lijn trekt terwijl u de tekst intypt, kan u dus best eerst een extra regel toevoegen (zodat de alineaopmaak zonder lijn naar de volgende regel wordt gekopieerd), daarna de invoegpositie op de vorige alinea plaatsen (met het opwaarts pijltje), de lijn tekenen en tenslotte de invoegpositie opnieuw naar de volgende alinea plaatsen (met het neerwaarts pijltje). Het is een eigenaardigheidje van Word…

3.3.6 Effecten

In het dialoogvenster *Lettertype* kunnen we nog een aantal effecten toevoegen aan een tekst.

> ➤ Kies *Opmaak / Lettertype*.

Doorhalen	De tekst wordt doorstreept. Dit is ~~Doorhalen~~.
Dubbel doorhalen	De tekst wordt dubbel doorstreept. Dit is ~~dubbel doorhalen~~.
Superscript	De tekst wordt in superscript afgedrukt. Dit betekent dat de tekst wat hoger komt te staan en wat kleiner is. Het is bedoeld om bv. machten weer te geven; bv. $E = mc^2$.

Subscript	De tekst wordt lager afgedrukt en is ook wat kleiner. Een voorbeeld: a_1.
Schaduw	De tekst krijgt een schaduw. Een schaduw.
Contour	De binnen- en buitenranden van de tekst worden weergegeven. Dit is contour.
Reliëf	Geselecteerde tekst wordt in reliëf weergegeven. Dit is reliëf.
Verzonken	U krijgt het effect dat de tekst in het papier is gedrukt. Dit is verzonken..
Klein kapitaal	U krijgt de tekst in kleine hoofdletters. Dit is KLEIN KAPITAAL.
Hoofdletters	De tekst wordt in hoofdletters weergegeven. Dit is HOOFDLETTERS.
Verborgen tekst	De tekst wordt niet getoond. (Ziet u iets?) Indien de knop *Weergeven/Verbergen* geactiveerd is, wordt de tekst in stippellijn onderstreept.

3.3.7 Onderstrepen

Bij *Onderstrepingsstijl* hebt u de volgende mogelijkheden.

(geen)	De tekst wordt niet onderstreept.
Alleen woorden	Enkel de woorden van de tekst worden onderstreept. Een voorbeeld.
Enkel	De tekst wordt onderstreept met een enkele lijn. Een voorbeeld.
Dubbel	De tekst wordt dubbel onderstreept. Een voorbeeld.
Dik	De tekst wordt dik onderstreept. Een voorbeeld.
Gestippeld	De tekst wordt onderstreept met een stippellijn. Een voorbeeld.
Enz.	Er zijn nog meerdere vormen met stippen, streepjes en golfjes.

In de keuzelijst *Onderstrepingskleur* kan u de kleur van het lijntje opgeven.

3.3.8 Tekstkleur

Eventueel kunt u een gedeelte van de tekst in een andere kleur weergeven. Dit is interessant indien u beschikt over een kleurenprinter of als u het document opneemt in een presentatie van *PowerPoint*. Ook als u pagina's voor het internet aanmaakt, kan dit belangrijk zijn.

We merken op dat we de kleur van de tekst ook kunnen instellen m.b.v. de knop *Tekstkleur* in de werkbalk *Opmaak*.

> ➤ Klik op de knop *Annuleren*.

3.3.9 Voorbeeld verder afmaken

Indien u de tekst van het voorbeeld verder intypt, moet u *Superscript* gebruiken om het symbool van vierkante meter in te geven. U kunt de optie aanzetten voor u het superscript ingeeft en weer uitzetten als u het superscript hebt ingetypt. U kunt ook de tekst eerst gewoon intypen en daarna selecteren wat in superscript moet komen.

> ➤ Typ nu de tekst in tot voor het superscript.

We geven de stappen om het cijfer 2 in superscript te plaatsen.

> ➤ Kies *Opmaak / Lettertype*.

> Selecteer *Superscript* en klik op de knop *OK*.
> Typ nu de tekst die in superscript moet komen: 2 .
> We zetten de optie *Superscript* opnieuw af. Kies *Opmaak / Lettertype* en schakel de optie *Superscript* uit. Druk daarna op de knop *OK*.

Indien u het superscript 2 of 3 moet intypen, kunt u beter gebruik maken van de toets die hiervoor voorzien is op uw toetsenbord.

> Maak het document nu verder af. Bewaar het document als H03VB01.DOC. Sluit het document.

3.4 Tekenopmaak na de selectie van tekst

We kunnen een lettertype en tekengrootte ook achteraf instellen. We zorgen ervoor dat het lettertype van het document H02VB02s.DOC gewijzigd wordt in *Times New Roman*.

> Open het document H02VB02s.DOC.
> Selecteer het ganse document door op de toetsencombinatie Ctrl+A te drukken.
> Kies *Opmaak / Lettertype* en selecteer het tabblad *Lettertype*.
> Selecteer *Times New Roman* bij *Lettertype*, *Vet* bij *Tekenstijl* en *12* bij *Punten*. Klik daarna op *OK*.

We maken de titel wat groter.

> Selecteer de titel *Geschiedenisles*.
> Selecteer de tekengrootte 24 punten uit de keuzelijst *Tekengrootte* in de werkbalk *Opmaak*.
> Selecteer het subtiteltje *MS-DOS*.
> Selecteer de tekengrootte 16 punten uit de keuzelijst *Tekengrootte*.

3.5 Opmaak kopiëren/plakken

Indien u een tekst of titel een bepaalde opmaak hebt gegeven, kunt u deze opmaak kopiëren naar een andere tekst of titel. U maakt hierbij gebruik van de knop *Opmaak kopiëren/plakken* uit de werkbalk *Standaard*.

> Kies *Opmaak / Lettertype* en selecteer het tabblad *Lettertype*.
> Wijzig het lettertype van het titeltje MS-DOS in *Arial*, de tekenstijl in *Vet Cursief* en de tekengrootte in 14 punten. Voeg het effect *Schaduw* toe.

We kopiëren nu deze opmaak naar het titeltje 'MS-Windows'. We kunnen dit met de menukeuzen *Bewerken / Herhalen Opmaak*. Deze menukeuze kan u evenwel enkel gebruiken als u de andere titel ook net hebt opgemaakt. We geven een andere manier.

> Selecteer de tekst *MS-DOS*.
> Klik op de knop *Opmaak kopiëren/plakken* in de werkbalk *Standaard*.
> Selecteer de tekst *MS-Windows*.

U merkt dat de opmaak is gekopieerd.

➢ Kopieer nu ook de opmaak naar de hoofdtitel 'Geschiedenisles'.
➢ De hoofdtitel is nog geselecteerd. We veranderen de tekengrootte. Selecteer *18 pt* uit keuzelijst *Tekengrootte* in de werkbalk *Opmaak*.
➢ Bewaar het document als H03VB02.DOC. Sluit het document.

3.6   Afstand en positie

Het tweede tabblad in het dialoogvenster *Lettertype* heeft als titel *Afstand en positie*.

➢ Open een nieuw document.
➢ Kies *Opmaak / Lettertype* en selecteer het tabblad *Afstand en positie*.

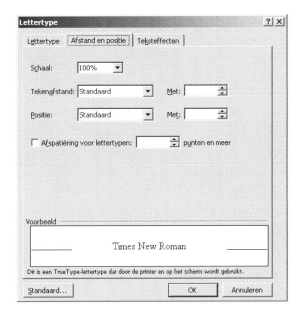

De optie *Schaal* laat u toe om de karakters smaller of breder te maken. Indien u de letters iets smaller maakt, krijgt u meer op een bladzijde en beslaat een reclamebladzijde bv. slechts 4 i.p.v. 5 bladzijden. Dat bespaart in de onkosten. Als u de tekst nog vlot leesbaar wil houden, mag u de schaal echter niet kleiner maken dan 95 %. In onderstaand figuurtje ziet u de tekst microcomputers met een schaal van 100% en met 95%.

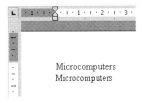

De optie *Tekenafstand* laat u toe tekens dichter bij elkaar of verder van elkaar te plaatsen. De ruimte tussen de karakters wordt m.a.w. beïnvloed door deze optie. U kan kiezen tussen *Verbreed* en *Versmald*. U geeft ook het aantal punten op waarmee de spatie moet vergroot of verkleind worden. In het volgende figuurtje ziet u de tekst *Microcomputers* met een standaard tekenafstand en met een tekenafstand *Verbreed met 1 punt*.

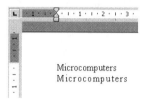

Tekst wordt op een bepaalde horizontale positie geschreven. U kan de tekst boven of onder deze positie plaatsen. Dat doet u m.b.v. de optie *Positie*. In het volgende figuurtje is het woord *Woord* 3 punten verlaagd.

De optie *Afspatiëring voor lettertypen* is beter gekend onder de term **kerning**. Sommige paren letters lenen er zich toe dat de spatie tussen de letters kleiner is. In het volgende voorbeeld is het woord *WATERVAL* met de standaard instellingen geschreven en daaronder met een afspatiëring. U kan de afspatiëring instellen voor tekst met een bepaalde tekengrootte.

U merkt dat de letter A wat onder de letter W kruipt. Ook bij de letters V en A is een duidelijk verschil merkbaar. De paren van letters die voor afspatiëring in aanmerking komen, zijn opgenomen in de definities van een lettertype. Niet elk lettertype ondersteunt kerning.

3.7   Teksteffecten

In het tabblad *Teksteffecten* van het dialoogvenster *Lettertype* kan u tekst laten knipperen, een kadertje eromheen laten bewegen, enz.

➢ Selecteer het tabblad *Teksteffecten*. Probeer de verschillende mogelijkheden uit. U krijgt telkens een voorbeeld in het onderstaande vak.

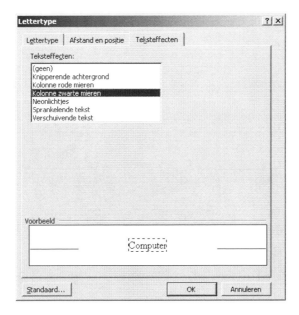

De teksteffecten kunnen zinvol zijn als u een document voor het web maakt. Internet Explorer herkent de teksteffecten.

3.8   Standaardinstellingen

U kan instellingen in het tabblad *Lettertype* selecteren en deze als standaardinstellingen bewaren.

➢ Selecteer het tabblad *Lettertype*.

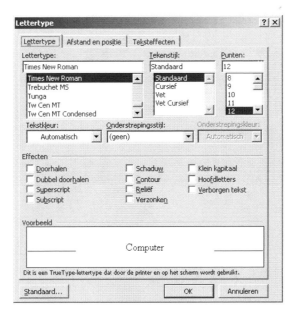

U kan hier een bepaald lettertype, een tekenstijl en de tekengrootte kiezen. Ook kan u in de andere tabbladen bepaalde instellingen kiezen. Indien u de instellingen in alle nieuwe documenten wenst te verkrijgen, klikt u op de knop *Standaard*.

> ➢ Klik op de knop *Standaard*.

Word zegt dat de wijzigingen die u hier opgeeft, van toepassing zijn op alle nieuwe documenten die gebaseerd zijn op de sjabloon NORMAL.

De sjabloon *Normal.dot* is de sjabloon die Word gebruikt, als u het pakket opstart. De instellingen die u dus wijzigt in *Normal.dot* gelden voor alle nieuwe documenten die u in Word aanmaakt op basis van deze sjabloon.

> ➢ Klik *Ja* indien u werkelijk nieuwe instellingen wenst op te geven. In het andere geval klikt u op de knop *Nee*.
> ➢ Klik op de knop *Annuleren* om het dialoogvenster *Lettertype* te sluiten.

3.9   Alineaopmaak

Alineaopmaak heeft betrekking op de opmaak van een ganse alinea. Een alinea is elk stuk tekst dat eindigt met de alineamarkering ¶. Word bewaart de opmaak van een alinea samen met het ¶-teken. Als u een alinea een bepaalde opmaak geeft en u drukt op het einde van de alinea op de Enter-toets dan krijgt de nieuwe alinea dezelfde opmaak als de vorige alinea. Dit is zeer belangrijk! Ik stel voor dat u deze alinea opnieuw leest.

> ➢ Open het document H03VB02.DOC.
> ➢ Plaats de invoegpositie in de alinea *IBM introduceerde...*
> ➢ Kies *Opmaak / Alinea*. Selecteer het tabblad *Inspringingen en afstand*.

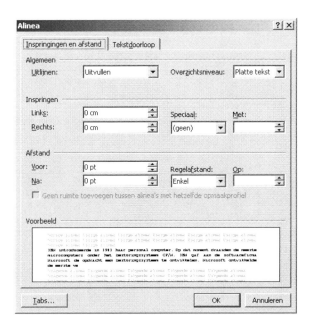

3.10 Uitlijnen van alinea's

De optie *Uitlijnen* geeft de mogelijkheid om de tekst in een alinea links uit te lijnen, te centreren, rechts uit te lijnen of uit te vullen. In bijlage vindt u het document H03VB03.DOC. In dit voorbeeld ziet u de verschillende mogelijkheden van uitlijnen. U vindt deze mogelijkheden ook op een knop in de werkbalk *Opmaak*.

≣	Links uitlijnen	De tekst heeft enkel links een strakke kantlijn.
≣	Centreren	De tekst wordt gecentreerd t.o.v. het midden van een regel. De tekst heeft dus geen strakke linker- of rechter kantlijn.
≣	Rechts uitlijnen	De tekst heeft enkel rechts een strakke kantlijn.
≣	Uitvullen	De tekst wordt links en rechts uitgelijnd. Enkel de laatste regel van de alinea - de regel waarin op de Enter-toets is gedrukt - wordt niet uitgelijnd.

➢ Kies *Links* in de keuzelijst *Uitlijnen* en klik op *OK*.

U komt terug in de tekst terecht. U merkt dat de alinea waarin de invoegpositie zich bevond nu links uitgelijnd is. Indien u de ganse tekst links wenst uit te lijnen, kan u de tekst selecteren m.b.v. de toetsencombinatie Ctrl+A en daarna de alineaopmaak er op toepassen.

3.11 Een kader rond een alinea

U kunt tekst opmaken door tekst in het vet weer te geven, een ander lettertype te geven, enz. U kunt een deel van de tekst ook extra aandacht geven door een kader rond een alinea te maken. We werken verder op het voorbeeld H03VB01.DOC.

➢ Open het document H03VB01.DOC.

Om het effect van instellingen in deze en volgende paragrafen beter te zien, vullen we het document uit.

➢ Druk op Ctrl+A om het ganse document te selecteren.
➢ Klik op *Uitvullen* in de werkbalk *Opmaak*. De tekst is nu zowel links als rechts uitgelijnd.

3.11.1 <u>Met de knop Kader</u>

We selecteren de paragraaf *Ik maak...*, plaatsen er een kader rond en geven dit kader een lichte arcering.

➢ Klik op de knop *Tabellen en randen* in de werkbalk *Standaard* als de werkbalk *Tabellen en randen* niet zichtbaar is.
➢ Selecteer de alinea *Ik maak...*
➢ Selecteer de lijndikte ¾ *pt*. Wellicht is dit de standaardwaarde.
➢ Klik op de knop *Buitenste rand* in de werkbalk *Tabellen en randen*. Er wordt een kader getrokken rond de alinea.
➢ Klik op de knop *Arceringskleur* in de werkbalk *Tabellen en randen* en selecteer *Grijs-10 %*.

```
¶
Aan·Wilfried·Anciaux¶
¶
¶
¶
Beste·collega,¶
¶
¶
Gelieve·een·bedrag·van·8·EUR·te·betalen·als·bijdrage·in·de·onkosten·voor·de·koffie·die·u·
vorige·maand·verbruikte.¶
¶
Het·bedrag·kan·u,·zoals·gewoonlijk·trouwens,·aan·mij·persoonlijk·overhandigen,·of·in·een·
envelop·deponeren·in·mijn·brievenbus.¶
¶
┌─────────────────────────────────────────────────────────────────────────┐
│Ik·maak·van·de·gelegenheid·gebruik·om·u·op·de·hoogte·te·stellen·dat·op·1·september·e.k.·ons· │
│nieuw·koffielokaal,·met·een·oppervlakte·van·300·m²·klaar·zal·zijn.¶      │
└─────────────────────────────────────────────────────────────────────────┘
¶
Met·vriendelijke·groet,¶
¶
¶
¶
```

3.11.2 <u>Met de menukeuzen Opmaak / Randen en arcering</u>

We verwijderen het arceringspatroon en het kader opnieuw. Dat kunnen we door de toetsen-combinatie Ctrl+Shift+N in te drukken als de invoegpositie zich bevindt in de alinea. We kunnen echter ook de menukeuze *Ongedaan maken* gebruiken.

➢ Kies *Bewerken / Ongedaan maken Arcering Kleur*.
➢ Kies *Bewerken / Ongedaan maken Kader*.

We zullen nu het kader en de arcering aanbrengen m.b.v. menukeuzen.

> Selecteer de alinea *Ik maak ...*
> Kies *Opmaak / Randen en arcering* en selecteer het tabblad *Randen*.

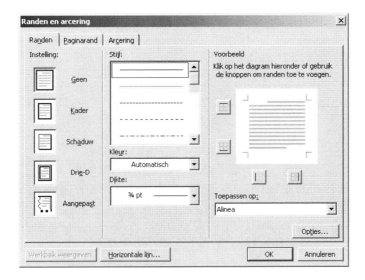

Er zijn vijf types van randen standaard aanwezig in Word:

Geen   Er wordt geen kader rond de alinea (of alinea's indien u meerdere alinea's geselecteerd hebt) getrokken.

Kader   Er wordt een kader met overal dezelfde dikte rond de alinea getrokken.

Schaduw   Er wordt een kader rond de alinea getrokken. De onder- en rechterzijde van het kader zijn echter dikker zodat u het effect van een schaduw krijgt.

Drie-D   U creëert een driedimensionale randopmaak. U krijgt het effect van een venster of een fotokader.

Aangepast   U kunt een aangepast kader maken m.b.v. *Voorbeeld* rechts in het dialoog-venster.

U hoeft geen gebruik te maken van de eerste 4 voorgedefinieerde kaders. U kunt het kader volledig zelf instellen. In het vak *Voorbeeld* kunt u per lijn aangeven of u ze wenst te plaatsen of niet. Indien u op een zijde klikt, plaatst Word er een lijn (of verwijdert de lijn indien er reeds één staat). In het kader *Dikte* kunt u de dikte van de lijn opgeven. U kunt per lijn een andere dikte selecteren.

De optie *Kleur* laat u toe aan een lijn een bepaalde kleur toe te kennen.

De knop *Werkbalk weergeven* is enkel toegankelijk indien de werkbalk *Tabellen en randen* niet zichtbaar is op uw scherm. U kunt de werkbalk activeren m.b.v. deze knop of m.b.v. de knop *Tabellen en randen* in de werkbalk *Opmaak*.

> Klik *Opties*.

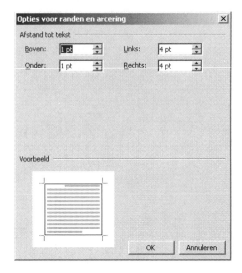

U kunt hier de afstand van de rand tot de tekst geven. Merk op dat in de schermafdruk de afstand tot de tekst links en rechts 4 punten is. We komen hier op terug.

➢ Klik *Annuleren*.

Voor ons voorbeeld wensen we een enkel kader rond de alinea. De lijnen hebben een dikte van ¾ pt.

➢ Selecteer *¾ pt* bij *Dikte*.
➢ Selecteer *Kader* bij *Instelling*.

Het arceringpatroon kunt u opgeven in het andere tabblad.

➢ Selecteer het tabblad *Arcering*.
➢ Selecteer *Grijs-10%* en klik op *OK*.

We komen terug in het document terecht. Er staat opnieuw een kader rond de alinea die lichtjes is opgevuld.

3.11.3 Tekorten?

De tekst waarrond we een kader hebben getrokken, begon aan de linker kantlijn. Als we het kader bekijken, dan zien we dat deze in de linker marge komt. Indien u het kader op de linker kantlijn wenst te plaatsen, moet u de tekst inspringen. Op de verschillende manieren van inspringen gaan we in de volgende paragraaf in.

➢ Bewaar het document als H03VB04.DOC.

3.12 Inspringen

In documenten moet u een gedeelte van een tekst dikwijls laten inspringen. We hebben reeds enkele eenvoudige gevallen bestudeerd in de vorige hoofdstukken. We gaan er in deze paragraaf dieper op in.

3.12.1 <u>Links en/of rechts inspringen</u>

We zullen de alinea *Ik maak van de gelegenheid...* links en rechts wat inspringen.

> ➢ Positioneer de invoegpositie bij de alinea *Ik maak van de gelegenheid...*
> ➢ Kies *Opmaak / Alinea* en selecteer het tabblad *Inspringingen en afstand*.

In het kader *Inspringen* brengen we zowel bij *Links* als bij *Rechts* de waarde 1 cm in.

> ➢ Typ 1 bij *Links* en druk op de Tab-toets.
> ➢ Typ 1 bij *Rechts* en druk op *OK*.

De alinea is nu zowel links als rechts 1 cm ingesprongen. Het kader wordt mee verplaatst.

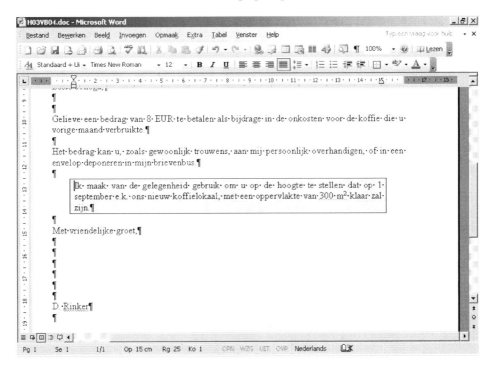

Om het kader in het voorbeeld te laten samenvallen met de linker- en rechtermarge moeten we de alinea ongeveer 5 punten laten inspringen. De dikte van de lijn was ¾ pt en de afstand van de lijn tot de tekst was 4 pt . We wijzigen de afstand in het tabblad.

> ➢ Kies *Opmaak / Alinea* en selecteer het tabblad *Inspringingen en afstand*.
> ➢ Typ 5 pt bij *Links* en druk op de Tab-toets.
> ➢ Typ 5 pt bij *Rechts* en druk op *OK*.

Het resultaat ziet er nu goed uit. U mag de afstand die ingesprongen moet worden dus ook in punten (pt) opgeven!

> Bewaar het document opnieuw als H03VB05.DOC. Sluit het document.

3.12.2 Maateenheden

In Word moet u op meerdere plaatsen een hoeveelheid ingeven in een bepaalde maateenheid. De toegelaten maateenheden in Word zijn:

Afkorting	Maateenheid	Omschrijving
cm	centimeter	2,54 cm = 1 inch
in of "	inch	1 inch = 72 punten =6 pica's = 6 regels
rg	regel	1 rg = 12 pt = 1/6 inch
pi	pica	1 pica = 12 pt = 1/6 inch
pt	punten	12 pt =1 rg = 1/6 inch

3.12.3 De optie Inspringen / Speciaal in het tabblad Inspringingen en afstand

In het tabblad *Inspringingen en afstand* hebben we de optie *Speciaal* nog niet besproken. U hebt hier 3 mogelijkheden:

Geen	De alinea wordt niet ingesprongen. U start bij de linker marge.
Eerste regel	De eerste regel van de alinea wordt ingesprongen. De overige regels van de paragraaf beginnen opnieuw vanaf de linkermarge.
Verkeerd-om	De eerste regel van de alinea wordt niet ingesprongen; de overige regels wel. U kunt ook de toetsencombinatie Ctrl+T gebruiken om een Verkeerd-om-inspringing te verwezenlijken. Ctrl+Shift+T heft een verkeerd-om-inspringing op.

We verwijzen naar H03VB06.DOC in bijlage voor een voorbeeld van de verschillende soorten inspringingen. We geven in het voorbeeld ook bijkomende verduidelijkingen.

3.12.4 Inspringen m.b.v. de liniaal

Indien u een alinea op een bepaalde manier wenst in te springen, kunt u deze selecteren of u kunt de invoegpositie in de alinea plaatsen. Daarna sleept u de inspringmarkeringen naar de juiste plaats.

▽ Indien u de inspringmarkering *Eerste regel inspringen* verplaatst, begint de eerste regel op de aangegeven positie. De volgende regels komen opnieuw tegen de linker marge.

⊟ De inspringmarkering *Verkeerd-om inspringen* geeft de positie van de tweede en volgende lijnen van de alinea weer. U sleept het driehoekje naar een bepaalde positie.

▽
☐ Indien u zowel de eerste als de volgende lijnen wenst in te springen, kunt u beide drie-
hoekjes verplaatsen. U kunt dit het gemakkelijkst realiseren door het vierkant blokje
(*Links inspringen*) naar de gewenste locatie te slepen.

△ U kunt ook de inspringing aan de rechter marge instellen. Dat doet u m.b.v. deze inspringmarkering.

➤ Open het document H02VB02s.DOC en experimenteer met deze technieken. Sluit
daarna het document zonder de wijzigingen te bewaren.

3.13 Regelafstand

3.13.1 Regelafstand voor een alinea instellen

In het tabblad *Inspringingen en afstand* vindt u ook opties m.b.t. de afstand tussen de regels
van een alinea. Standaard gebruikt Word een enkele regelafstand. Dat is meestal een goede
keuze. Toch is het voor sommige documenten wenselijk dat u een grotere afstand kiest.

De regelafstand bepaalt u voor een alinea (of voor meerdere geselecteerde alinea's). We
positioneren ons in de eerste paragraaf.

➤ Open het document H02VB02s.DOC.
➤ Positioneer de invoegpositie in de alinea 'IBM introduceerde ...'
➤ Kies *Opmaak / Alinea* en selecteer het tabblad *Inspringingen en afstand*.

Bij *Regelafstand* hebt u de volgende mogelijkheden.

Enkel	Dit is de normale afstand tussen twee regels. De afstand in centimeters of pun-ten wordt bepaald door de gekozen tekengrootte. Indien de tekengrootte bv. 12 punten is, zal de afstand iets groter zijn dan bij een tekengrootte van 10 punten. Indien u in een regel een kleine figuur opneemt, wordt de afstand ook iets gro-ter.
Anderhalf	Indien u als regelafstand *Anderhalf* kiest, krijgt u een halve regel witruimte extra tussen twee regels.
Dubbel	Bij een regelafstand *Dubbel* krijgt u een ganse regel witruimte extra tussen twee regels.
Ten minste	U kunt een minimumafstand opgeven. Deze kan vergroot worden indien er bv. een subscript of superscript voorkomt.
Exact	U kunt de juiste afstand opgeven. Indien u deze te klein neemt, kunnen er te-kens van opeenvolgende regels zijn die elkaar overlappen.
Meerdere	U kunt hier een precieze regelafstand opgeven; bv. 1,3 betekent dat u een regel-afstand wenst die 1,3 keer groter is dan de enkele regelafstand.

We experimenteren even.

➤ Selecteer *Meerdere* bij *Regelafstand* en typ 1,3 bij *Op* en klik *OK*.

```
╔══════════════════════════════════════════════════════════════╗
║L·1·I·1·I·2·I·3·I·4·I·5·I·6·I·7·I·8·I·9·I·10·I·11·I·12·I·13·I·14·I·15·I·△·I·17·I·18·║
║ Geschiedenisles¶                                               ║
║ ¶                                                              ║
║ ¶                                                              ║
║ MS-DOS¶                                                        ║
║ ¶                                                              ║
║ IBM· introduceerde· in· 1981· haar· personal· computer.·· Op· dat·║
║ moment·  draaiden·  de·  meeste·  microcomputers·  onder·  het·║
║ besturingssysteem·CP/M.·IBM·gaf·aan·de·softwarefirma·Microsoft·║
║ de· opdracht· een· besturingssysteem· te· ontwikkelen.·· Microsoft·║
║ ontwikkelde· de· eerste· versie· van· PC-DOS· (Personal· Computer·║
║ Disk· Operating· System).·· PC-DOS· is· het· besturingssysteem· voor·║
║ personal·  computers·  van·  IBM.·  Het·  was·  gebaseerd·  op·  het·║
║ besturingssysteem·CP/M.¶                                       ║
║ ¶                                                              ║
║ Andere· computermerken· maakten· van· het· succes· van· de· personal·║
║ computer· van· IBM· gebruik· en· gingen· gelijkwaardige· computers·║
║ bouwen.· We· spreken· van· IBM· compatibele· computers.· De· versie·║
║ van·  PC-DOS·  die·  door·  Microsoft·  verspreid·  wordt·  onder·  alle·║
║ andere· computermerken· -· en· slechts· op· enkele· hulpprogramma's·║
║ na· afwijkt· van· PC-DOS·· wordt· MS-DOS· genoemd (Microsoft· Disk·║
║ Operating· System).·¶                                          ║
╚══════════════════════════════════════════════════════════════╝
```

U merkt dat de lijnen van de paragraaf verder uit elkaar staan. Enkel deze alinea is van opmaak gewijzigd! We herstellen de situatie.

> Kies *Bewerken / Ongedaan maken Alineaopmaak*.

De alinea heeft weer een enkele regelafstand.

3.14   Afstand tussen alinea's

In het tabblad *Inspringingen en Afstand* ziet u in het midden de opties *Voor* en *Na* bij *Afstand*. Hier kunt u opgeven hoeveel ruimte Word moet laten voor en na de alinea. U kunt natuurlijk ook een extra keer op de Enter-toets drukken om meer ruimte tussen alinea's te laten. Hier kunt u echter zeer precies een afstand opgeven in punten (1 punt = 1/72ste van een inch; 1 inch = 2,54 cm).

> Verwijder de lege regel tussen de alinea *IBM introduceerde…* en *Andere computermerken…*
> Positioneer de invoegpositie in de alinea *IBM introduceerde…*
> Kies *Opmaak / Alinea* en selecteer het tabblad *Inspringingen en afstand*.
> Kies *6 pt* bij *Afstand / Na* en klik op *OK*.

U krijgt het volgende resultaat.

```
Geschiedenisles¶
¶
¶
MS-DOS¶
¶
IBM· introduceerde· in· 1981· haar· personal· computer.· Op· dat·
moment· draaiden· de· meeste· microcomputers· onder· het·
besturingssysteem·CP/M.· IBM·gaf·aan·de·softwarefirma·Microsoft·
de·opdracht·een·besturingssysteem·te·ontwikkelen.· Microsoft·
ontwikkelde· de· eerste· versie· van· PC-DOS· (Personal· Computer·
Disk·Operating·System).· PC-DOS·is·het·besturingssysteem·voor·
personal· computers· van· IBM.· Het· was· gebaseerd· op· het·
besturingssysteem·CP/M.¶

Andere·computermerken·maakten·van·het·succes·van·de·personal·
computer·van·IBM·gebruik·en·gingen·gelijkwaardige·computers·
bouwen.· We·spreken·van·IBM·compatibele·computers.· De·versie·
van· PC-DOS· die· door· Microsoft· verspreid· wordt· onder· alle·
andere·computermerken· --en·slechts·op·enkele·hulpprogramma's·
na·afwijkt·van·PC-DOS· --wordt·MS-DOS·genoemd·(Microsoft·Disk·
Operating·System).¶
¶
Een·compatibele·computer·noemt·men·ook·wel·een·kloon,·hoewel·
```

U merkt dat na de alinea extra ruimte is voorzien. In dit geval hoeft u dus niet meer extra op de Enter-toets te drukken.

3.15   Tekst bijeenhouden

Indien u een document maakt van enkele bladzijden, is het soms wenselijk dat bepaalde tekst-fragmenten worden samengehouden op deze bladzijde. Word biedt u een aantal mogelijkheden. De instellingen gelden weer voor alinea's.

➢ Positioneer de invoegpositie in de alinea *U kunt gegevens…* onderaan de tweede bladzijde. U merkt dat de alinea verdeeld is over de twee bladzijden.
➢ Kies *Opmaak / Alinea* en selecteer het tabblad *Tekstdoorloop.*

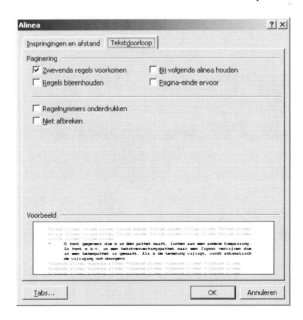

We overlopen de verschillende mogelijkheden en testen er één uit.

Zwevende regels voorkomen	Normaal wordt een alinea afgebroken aan de ondermarge van het blad en vervolgt ze bij de bovenmarge van het volgende blad. Soms staat er slechts één regel van de alinea op het eerste blad of staat er maar één regel van de alinea op het tweede blad. Indien u deze optie selecteert, voorkomt u dit. Er zullen dan zeker twee regels van de alinea op hetzelfde blad komen. De instelling is standaard in Word geselecteerd.
Regels bijeenhouden	Hiermee voorkomt u een pagina-einde in het midden van een alinea.
Bij volgende alinea houden	Hiermee voorkomt u een pagina-einde tussen een alinea en de daaropvolgende alinea.
Pagina-einde ervoor	Hiermee voegt u een pagina-einde in vóór een alinea.
Regelnummers onderdrukken	Indien u deze optie selecteert, worden geen regelnummers weergegeven bij de geselecteerde alinea's.
Niet afbreken	Indien u gekozen hebt voor het automatisch afbreken van woorden, wordt dit onderdrukt voor de geselecteerde alinea's.

➢ Schakel de optie *Regels bijeenhouden* in en klik *OK*.
➢ We controleren het resultaat. Kies *Beeld / Afdrukweergave*. Zorg ervoor dat u de 3de en 4de bladzijde ziet.

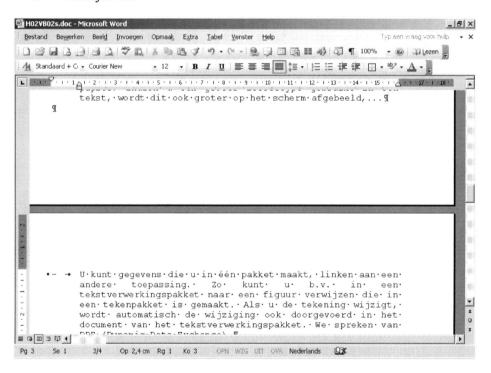

In de tekst merkt u dat de volledige alinea nu naar de derde bladzijde is verhuisd.

3.16 Spaties verbergen/weergeven

Indien u de ruimte tussen de twee bladzijden niet op uw scherm wenst te zien, kan u de muis-wijzer tussen de twee bladzijden plaatsen tot hij de vorm aanneemt van twee pijltjes die naar elkaar toewijzen. U krijgt als scherminfo *Spaties verbergen*.

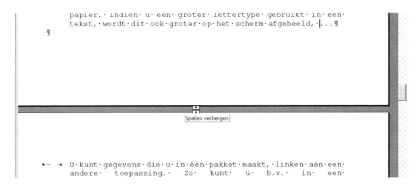

➢ Klik tussen de twee bladzijden.

De bladsprong wordt nu aangegeven door een volle lijn.

3.17 Automatische opmaak

We hebben de documenten in dit hoofdstuk zelf opgemaakt. Dit betekent dat we zelf hebben bepaald welke titel in welk lettertype moet komen, de afstand voor en na een alinea, enz. U kunt dit ook overlaten aan Word.

➢ Kies *Opmaak / AutoOpmaak*.

Indien u *Nu automatisch opmaken* selecteert, maakt Word de tekst volledig op en krijgt u onmiddellijk het opgemaakte document. Indien u kiest voor *Automatisch opmaken en elke wijziging verwerken*, dan krijgt u nog de vraag of de wijzigingen effectief moeten doorge-voerd worden.

U kunt ook het type document dat u wenst op te maken, selecteren. U hebt de keuze tussen *Algemeen document, Brief* en *E-mail.*

> Selecteer *Automatisch opmaken en elke wijziging verwerken.*
> Selecteer *Algemeen document* en klik *OK.* U krijgt een dialoogvenster waarin u kan aangeven of u de wijzigingen wenst te accepteren.

> Klik op de knop *Alles accepteren.*

U kan het resultaat bekijken. De titeltjes zijn in een groter lettertype weergegeven, de opsommingen zijn gewijzigd, ... Persoonlijk ben ik geen groot voorstander van dgl. automatische opmaak. Het resultaat is niet steeds bevredigend. We komen in het volgende hoofdstuk terug op de opties m.b.t. *AutoOpmaak.*

3.18 Opmaak van een alinea verwijderen

Om de opmaak van de alinea te verwijderen, gebruikt u de toetsencombinatie Ctrl+Shift+N. Dit is een toetsencombinatie die u best onthoudt. Het gebeurt wellicht regelmatig dat u over de opmaak van een alinea niet tevreden bent.

> Positioneer de cursor in de alinea *MS-DOS.*
> Druk op Ctrl+Shift+N.

U merkt dat de opmaak van het titeltje is verdwenen.

> Positioneer de cursor in de alinea *IBM introduceerde...*
> Druk op Ctrl+Shift+N.

U merkt dat de afstand die door de automatische opmaak is ingesteld na elke alinea verdwijnt voor deze alinea. U moet weer zelf een extra regel toevoegen.

3.19 Bekijken van de opmaak

De opmaak van een alinea en van een teken kunt u bekijken in het taakvenster *Opmaak weergeven.* U kan het taakvenster selecteren uit de keuzelijst in het taakvenster of u kan de toetsencombinatie Shift+F1 gebruiken.

> Druk op Shift+F1.

U krijgt het taakvenster *Opmaak weergeven.* U klikt nu in een deel van de tekst waarvan u de opmaak wenst te kennen.

➢ Klik op de tekst *IBM introduceerde...*

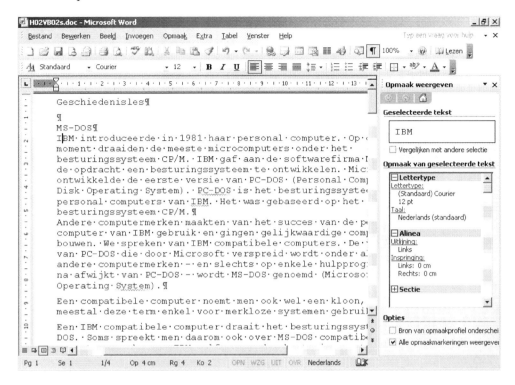

➢ U krijgt informatie, in een taakvenster, over de opmaak van het geselecteerde teken (onder *Lettertype*) en over de opmaak van de alinea (onder *Alinea*).
➢ Plaats de invoegpositie in het kopje *MS-Windows*. U krijgt de aangepaste informatie.

U merkt in het taakvenster meerdere hyperlinks. U kan via links gemakkelijk het overeenkomstige dialoogvenster openen.

➢ Klik bv. op *Lettertype*. U krijgt onmiddellijk het dialoogvenster *Lettertype*.
➢ Sluit het dialoogvenster en ook het taakvenster.

3.20 Wisselen tussen hoofd- en kleine letters

3.20.1 Het dialoogvenster Hoofdlettergebruik

Geselecteerde tekst die in kleine letters is weergegeven, kan u met één bewerking omzetten naar hoofdletters en omgekeerd. We illustreren dit met een voorbeeld.

➢ Selecteer de tekst *MS-DOS* en kies *Opmaak / Hoofdlettergebruik*.

U hebt de volgende mogelijkheden:

Zoals in een zin	De eerste letter wordt in een hoofdletter geplaatst; de overige letters in kleine letters.
kleine letters	Alles wordt in kleine letters weergegeven.
HOOFDLETTERS	Alles wordt in hoofdletters weergegeven.
Alles Beginhoofdletter	De eerste letter van elk woord wordt in een hoofdletter weergegeven; de overige letters in kleine letters.
oMKERING lETTERS	De hoofdletters worden kleine letters; de kleine letters worden hoofdletters.

➢ Selecteer de optie *kleine letters* en klik op de knop *OK*.

We maken de actie weer ongedaan m.b.v. de knop *Ongedaan maken* op de werkbalk *Standaard*.

➢ Klik op de knop *Ongedaan maken* op de werkbalk *Standaard*.

3.20.2 Sneltoets

Indien u tekst selecteert en u klikt op de sneltoets Shift+F3 dan krijgt u achtereenvolgens de tekst in de mogelijkheden *kleine letters, Alles Beginhoofdletter* en *HOOFDLETTERS*.

➢ Selecteer de tekst *MS-DOS* en klik enkele malen op Shift+F3.
➢ Sluit het document. U hoeft het niet te bewaren.

3.21 Enkele sneltoetsen

We geven tenslotte nog enkele sneltoetsen m.b.t. onderwerpen die in dit hoofdstuk aan bod zijn gekomen.

Sneltoets	Betekenis
Shift+F3	U wisselt cyclisch tussen kleine letters, alles beginhoofdletter en hoofdletters.
Ctrl+=	Subscript
Ctrl++	Superscript (u mag niet het plusteken nemen van het numeriek toetsenbord)

Sneltoets	Betekenis
Ctrl+<spatiebalk>	Verwijdert tekenopmaak
Ctrl+Shift+N	Verwijdert alineaopmaak

3.22 Oefeningen

Oefening 1

Maak een document H03OEF01.DOC vertrekkende van het bestand H03OEF01s.DOC in de map Word2003_1_Vbn. Wijzig het lettertype voor de ganse tekst in *Arial 12 pt*. U wijzigt vervolgens de grootte en de weergave van de titels als volgt:

Titels	Aan te brengen wijzigingen
Wat computers doen	puntgrootte: 20 pt weergave: vet en letters in klein kapitaal
Desktop publishing	puntgrootte: 15 pt weergave: dubbel onderstreept, schuin gedrukt
Kantoorautomatisering Ontwerpen	zelfde als 'Desk top publishing'; kopieer de opmaak hiervan

Oefening 2

In bijlage vindt u het resultaat van de oefening H03OEF02.DOC.

De titel *Solden* is in het lettertype *Arial, vet, 50 pt* weergegeven. Er is een kader rond getrokken en de achtergrond is opgevuld met een grijswaarde van 10%. De tekst is gecentreerd.

De alinea *Vanaf zaterdag...* heeft een lettertype *Times New Roman, vet, 20 pt* en is links en rechts 2,5 cm ingesprongen. Ze is ook gecentreerd.

De naam en het adres van de firma hebben een lettertype *Arial, 40 pt*. De achtergrond is opgevuld met een grijswaarde van 5 %. Boven en onder is een lijn met een dikte 2 ¼ pt voorzien. De tekst is gecentreerd.

De lijnen met openingsuren van de firma hebben een lettertype *Times New Roman, 12 pt*. De regels zijn links en rechts 5 cm ingesprongen. Er is een kader voorzien.

Bewaar het resultaat als H03OEF02.DOC.

Oefening 3

Open het document H03OEF03s.DOC dat zich in de map Word2003_1_Vbn bevindt. Voer volgende wijzigingen uit aan dit document.

1. De tekst mag enkel links een strakke kantlijn hebben.
2. Pas de regelafstand aan. De nieuwe interlinie wordt 1,2.

3. Nummer de regels van de tekst om de 2 regels (2, 4, 6, enz.). De lege lijnen worden mee genummerd. Zoek eventueel in de helpfunctie op hoe u dit moet doen.
4. Voeg bovenaan het document drie blanco regels toe.
5. Zet helemaal bovenaan in het midden het titeltje "Een ramp!". Dit is vet en onderstreept en heeft een tekengrootte van 14 punten.
6. Helemaal onderaan voegt u eveneens drie blanco lijnen toe. Uiterst rechts zet u uw naam en daaronder de datum. De datum voegt u in m.b.v. de gepaste menukeuzen. De tekst is echter aangemaakt met een Engelse taalmodule. Zorg er eerst voor dat al de tekst betrekking heeft op het Nederlands.

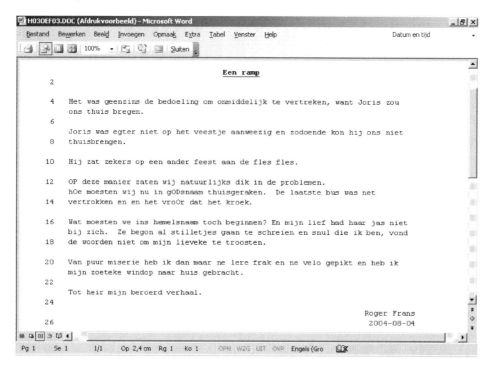

Bewaar het document als H03OEF03.DOC.

Oefening 4

We hebben in dit hoofdstuk in een voorbeeld gezien hoe we de opmaak van een tekst kunnen kopiëren naar een andere tekst. Het is ook mogelijk de opmaak van één tekst naar meerdere teksten te kopiëren.

Ga in de helpschermen na hoe u dit moet doen. Probeer dit uit.

Oefening 5

Maak een nieuw document H03OEF05.DOC aan en geef volgende formules in:

$$(x^2 + y^3) = z$$
$$H_2O$$

Oefening 6

In de werkbalk *Opmaak* vindt u de knop *Markeerstift*. U kunt hiermee tekst markeren zodat hij beter opvalt. Zoek in de helpschermen de mogelijkheden van deze knop op. Experimenteer hiermee.

Oefening 7

Open het document H03OEF03s.DOC van uw schijf. U kunt ook een rand trekken rond de pagina. Doe dit voor deze tekst. Zorg er ook voor dat de achtergrond een grijswaarde heeft van 10 %. Bewaar de oefening als H03OEF07.DOC.

Oefening 8

In bijlage H03OEF08.DOC is een verklaring gegeven van de mogelijkheden van de optie *Speciaal* in het tabblad *Inspringingen en afstand*. De opsomming is verwezenlijkt met een inspringing *Verkeerd-om*. Daartoe werd een tabstop geplaatst op 3 cm. Maak het document en bewaar het als H03OEF08.DOC.

4 Wie zoekt die vindt

4.1 Inleiding

U hebt een document gecreëerd van meerdere bladzijden. U wenst een bepaald woord of woordencombinatie terug op te zoeken, maar u weet niet meer waar dit juist in de tekst voorkwam. Word biedt u een zoek- en vervangfunctie.

U kan ook zoeken naar documenten op uw harde schijf waarin een bepaalde woordencombinatie voorkomt. U kan ook zoeken op basis van de datum dat het document gemaakt is, op basis van de auteur van het document, enz.

Word kan ook een aantal statistieken geven m.b.t. uw document. Als u een redacteur van een krant of tijdschrift bent, wenst u misschien het aantal tekens of het aantal woorden van een tekst te weten. Word berekent het voor u!

Op het einde van de regel kan u opteren om woorden te splitsen. We leren u de mogelijkheden in Word.

4.2 Zoeken

Word biedt u de mogelijkheid om woorden of tekstdelen in een document te zoeken. Ook kunt u tekst vervangen door andere tekst. Naast het zoeken of vervangen van tekst, kunt u ook speciale tekens of een bepaalde opmaak zoeken en vervangen.

➢ Open het document H01VB03s.DOC.
➢ Kies *Bewerken / Zoeken* of druk op de toetsencombinatie Ctrl+F.

U krijgt drie tabbladen: *Zoeken, Vervangen* en *Ga naar*. Dit laatste tabblad hebben we al besproken.

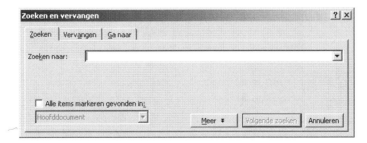

➢ Klik op de knop *Meer* om een uitgebreider dialoogvenster te verkrijgen.

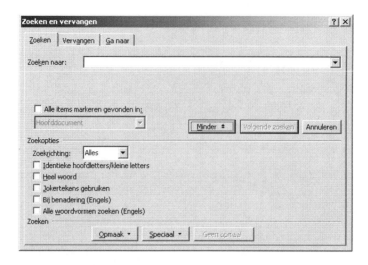

U hebt de volgende mogelijkheden:

Zoeken naar	In het tekstvak *Zoeken naar* kunt u een tekst van maximum 256 tekens plaatsen. Indien u (een deel van) de tekst in kleine letters schrijft, zoekt Word de overeenkomstige tekst in kleine of hoofdletters. Indien u (een deel van) de tekst in hoofdletters schrijft, zoekt Word enkel overeenkomstige tekst in hoofdletters.
Alle items markeren	Als u in de tekst een bepaald woord zoekt en u wenst dit overal te markeren, dan schakelt u de optie *Alle items markeren gevonden in* in. Indien het document uit verschillende delen bestaat, kan u de zoekactie beperken tot een bepaald deel.
Zoekrichting	U bepaalt in welke richting Word moet zoeken. Word doorzoekt het ganse document (*Alles*), vanaf de cursor tot het einde van het document (*Omlaag*), of vanaf de cursor tot het begin van het document (*Omhoog*).
Identieke hoofdletters/ kleine letters	Normaal maakt Word bij het zoeken naar een tekst geen onderscheid tussen kleine letters en hoofdletters. Indien u deze optie selecteert, doet Word dit wel.
Heel woord	Het woord dat u ingeeft, kan een deel zijn van het woord dat in het document voorkomt. Indien u deze optie selecteert, moet het woord in zijn geheel voorkomen.
Jokertekens gebruiken	U kunt gebruik maken van de jokertekens ? voor een willekeurig teken en een * voor 0, 1 of meerdere tekens. Als u de optie inschakelt, krijgt u bij een zoektekst *d?t* de woorden *dit, dat,* ... U vindt nog meer jokertekens onder de knop *Speciaal*.
Opmaak	U krijgt hier de opties *Lettertype*, *Alinea*, *Tabs, Taal, Frame, Opmaakprofiel* en *Markeren*. U kunt zoeken naar een tekst in een specifieke opmaak.

Bij benadering (Engels)	U zoekt hiermee naar woorden die hetzelfde klinken als de tekst in het vak Zoeken naar. De optie geldt enkel voor Engelse woorden.
Alle woordvormen zoeken (Engels)	Indien u een Engelse tekst hebt gemaakt, kan u zoeken naar woordvormen; bv. alle woordvormen van het werkwoord *work*.
Speciaal	Met deze optie kunt u speciale codes, zoals een Tab-teken, in de zoektekst opgeven.
Geen opmaak	Indien er van een vorige zoekactie nog opmaakcodes in het tekstvak staan, verwijdert u deze met de optie *Geen opmaak*.

4.2.1   Zoeken naar een tekst

We geven het woord 'spreadsheet' in.

➢ Typ de tekst `spreadsheet` en klik op de knop *Volgende zoeken*.

Onmiddellijk vindt Word het gevraagde woord. Het wordt gemarkeerd. Om het volgende voorkomen van de tekst te vinden, klikken we weer op *Volgende zoeken*. Doe dit enkele malen tot u de boodschap krijgt dat het doorzoeken van het document voltooid is.

➢ Klik enkele keren op de knop *Volgende zoeken*. Als Word u vertelt dat het doorzoeken van het document voltooid is, klikt u op *OK*.

We sluiten het dialoogvenster *Zoeken*.

➢ Klik *Annuleren*.

Indien Word de tekenreeks niet vindt, deelt hij dit mee.

4.2.2   Zoeken naar speciale codes

We zoeken in het voorbeeld H01VB03s.DOC naar een tabteken.

➢ Kies *Bewerken / Zoeken* of gebruik de sneltoets Ctrl+F. Klik eventueel op *Meer* om het uitgebreide dialoogvenster te zien.
➢ Klik op de knop *Speciaal* en kies *Tabteken*.

In het tekstvak krijgt u het symbool ^t.

➢ Klik *Volgende zoeken*.

Word vindt onmiddellijk de plaats van het eerste tabteken.

➢ Klik nog enkele keren op de toets *Volgende zoeken*.

Word vindt nog enkele voorkomens van het Tab-teken.

4.2.3 Jokertekens gebruiken

Indien u de optie *Jokertekens gebruiken* aankruist, krijgt u bij *Speciaal* andere mogelijkheden. We zoeken bv. alle woorden op die beginnen met 'basis'.

➢ Verwijder de zoektekst ^t.
➢ Selecteer *Jokertekens gebruiken.*
➢ Klik op de knop *Speciaal* en kies *Begin van woord.*

In het tekstvak *Zoeken naar* komt een <-teken. U geeft hierachter de tekst 'basis'.

➢ Typ de tekst basis en klik enkele malen op *Volgende zoeken.*

U vindt achtereenvolgens de woorden *basishandelingen, basisprincipes, ...*

➢ Klik *Annuleren.*

U kunt bv. ook zoeken naar alle woorden waarin *dit* of *dat* voorkomt. U kan speciale tekens ook zelf invoeren, zonder gebruik te maken van de knop *Speciaal.*

➢ Druk op de toetsencombinatie Ctrl+F.
➢ Typ d[ia]t in het vak *Zoeken naar.*
➢ Schakel de optie *Jokertekens gebruiken* in.
➢ Klik enkele keren op de knop *Volgende zoeken.*

U vindt de woorden *dit, dat, zodat, ...*

➢ Klik op de knop *Annuleren.*

4.2.4 Zoeken naar opmaakcodes

U kunt bv. zoeken naar tekst die onderstreept is, naar een bepaald lettertype, naar een code voor een bepaalde taal, enz...

De manier van werken is analoog aan het gebruik van speciale codes. De zoekcriteria verschijnen hier echter niet in het tekstvak maar onder het kader. U kunt de zoekcriteria verwijderen m.b.v. de knop *Geen opmaak.* We geven een voorbeeld waarbij we een zoektekst combineren met een opmaak.

➢ Druk op Ctrl+Home om de invoegpositie bovenaan het document te plaatsen.
➢ Kies *Bewerken / Zoeken.*
➢ Verwijder de zoektekst. Schakel de optie *Jokertekens gebruiken* uit.
➢ Klik *Opmaak.*
➢ Kies *Lettertype* en selecteer het tabblad *Lettertype.*
➢ Selecteer *Vet* bij *Tekenstijl* en klik *OK.*

In het tekstkader *Zoeken naar* typen we de tekst *klikken.*

➢ Typ klikken in het tekstkader *Zoeken naar.* We zoeken dus naar de tekst *klikken* die vet is weergegeven.
➢ Klik *Volgende zoeken.* U vindt de tekst *klikken* die vet is weergegeven.

➢ Klik *Volgende zoeken*. Word vindt nog een voorkomen van *klikken* dat vet is weergegeven.
➢ Klik *Volgende zoeken*. Word vindt geen voorkomen meer. Toch komt het woord *klikken* nog meerdere keren voor. Het is echter in dat geval niet vet weergegeven.
➢ Klik *OK* en klik *Annuleren*.

4.2.5 Opnieuw zoeken

Indien u het dialoogvenster *Zoeken* hebt gesloten, kan u nog steeds naar een volgend item zoeken m.b.v. de toetsencombinatie Shift+F4.

➢ Probeer dit uit.

4.3 Vervangen

4.3.1 Vervangen van tekst door tekst

Met de menukeuzen *Bewerken / Zoeken* zoekt u naar een bepaalde tekst, een opmaak, een speciaal teken, ... De menukeuzen *Bewerken / Vervangen* gaan verder. U gaat op zoek naar een tekst, opmaak, ... en u kan deze vervangen door een andere tekst, opmaak, ... We geven een voorbeeld.

➢ Druk op de toetsencombinatie Ctrl+Home.
➢ Kies *Bewerken / Vervangen*. Eventueel klikt u op de knop *Meer*.

U krijgt hetzelfde dialoogvenster. Het tabblad *Vervangen* is geselecteerd. Indien u de menu-keuze *Bewerken / Zoeken* kiest, kan u dus ook nog steeds het tabblad *Vervangen* selecteren.

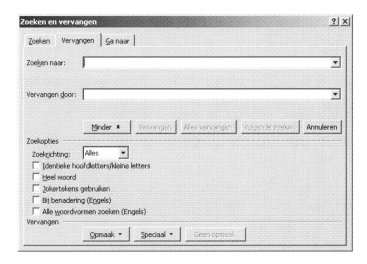

U hebt hier dezelfde opties als bij *Zoeken*. Bijkomend hebt u een tekstvak *Vervangen door* waarin u de tekst kunt typen die in de plaats moet komen.

➢ Indien nog opmaakkenmerken gedefinieerd zijn, verwijdert u deze door op de knop *Geen opmaak* te klikken.
➢ Typ de tekst Microsoft en druk op de Tab-toets.

- ➢ Typ de tekst `MicroSoft`.
- ➢ Selecteer *Identieke hoofdletters/kleine letters*. Indien de optie *Jokertekens gebruiken* nog is geselecteerd, moet u deze eerst uitschakelen voor u de optie *Identieke hoofdletters/kleine letters* kan selecteren.
- ➢ Klik op *Volgende zoeken*.

Onmiddellijk positioneert Word zich bij het eerste voorkomen. We wensen dit te vervangen.

- ➢ Kies *Vervangen*.

Weer positioneert Word zich op het eerstvolgende voorkomen. We willen *Microsoft* overal vervangen door *MicroSoft*. Daartoe klikken we op *Alles vervangen*.

- ➢ Klik *Alles vervangen*.

Meteen vervangt Word elke zoektekst door de vervangtekst. Hij meldt dat er 20 voorkomens waren.

- ➢ Klik *OK*.

We maken de twee acties ongedaan.

- ➢ Kies *Bewerken / Ongedaan maken Alles vervangen*.
- ➢ Kies *Bewerken / Ongedaan maken Vervangen*.
- ➢ Klik *Sluiten* om het dialoogvenster te sluiten.

4.3.2   Vervangen van speciale tekens

We vertrekken van het document H04VB01s.DOC dat u in de map Word2003_1_Vbn vindt.

- ➢ Open H04VB01s.DOC.

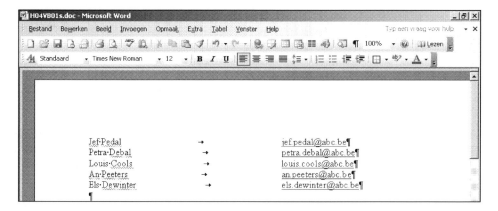

U merkt in de linkerkolom de namen van personeelsleden van het bedrijf ABC. In de rechter-kolom ziet u de e-mailadressen. We willen de e-mailadressen achter elkaar plaatsen, met een puntkomma tussen elk adres, zodat we het geheel kunnen plakken in een programma om e-mail te vesturen. Het resultaat moet er dus als volgt uitzien:

> jef.pedal@abc.be;petra.debal@abc.be;louis.cools@abc.be;an.peeters@abc.be;els.dewinter@a
> bc.be¶

We verwijderen eerst de namen en de tab-posities voor de e-mailadressen. Een rechthoek selecteren kunnen we m.b.v. de Alt-toets.

> ➢ U houdt de Alt-toets in en u klikt net voor *Jef Pedal*. U houdt de Alt-toets in en u sleept naar de positie net voor *els.dewinter@abc.be*.

> ➢ Druk op de Delete-toets.

U krijgt nu nog enkel de e-mailadressen. We vervangen het alinea-teken ¶ door een punt-komma.

> ➢ Kies *Bewerken / Vervangen*.
> ➢ Verwijder eventueel de opmaak en/of zoekopties die ingesteld zijn.
> ➢ Klik in het vak *Zoeken naar* en kies *Speciaal / Alineamarkering*. U krijgt ^p als zoektekst.
> ➢ Klik in het vak *Vervangen door* en typ *;*.
> ➢ Klik op *Alles vervangen*.
> ➢ Verwijder de puntkomma achteraan de tekst.

U krijgt nu de gevraagde tekst.

> ➢ Bewaar het resultaat als H04VB01.DOC. Sluit het document.

4.4   Terugkeren naar de vorige positie

Indien u op een bepaalde plaats tekst bewerkt, en u springt even naar een andere positie om te kijken hoe u iets hebt geformuleerd, kan u eenvoudig terugspringen naar de vorige positie door de toetsencombinatie Shift+F5 in te drukken. De laatste drie locaties waar u tekst hebt getypt of bewerkt, worden bijgehouden (ook nadat u het document hebt bewaard). Het document H01VB03s.DOC is nog geopend.

> ➢ Plaats de invoegpositie in de eerste regel van de paragraaf 1.2.
> ➢ Typ aaa en verwijder dit opnieuw.
> ➢ Druk enkele keren op de toets PgDn.
> ➢ Druk op Shift+F5.

U keert terug naar de eerste regel van de paragraaf 1.2.

> ➢ Sluit het document. U hoeft de wijzigingen niet te bewaren.

4.5 Splitsen van woorden

4.5.1 De optie activeren

Indien we wensen dat lange woorden op het einde van een regel worden gesplitst, kunnen we dit instellen. We zullen eerst een tekst ingeven waarbij de woorden niet gesplitst worden.

> ➢ Klik *Nieuw leeg document* in de werkbalk *Standaard*.
> ➢ Kies *Extra / Taal / Woordafbreking*.

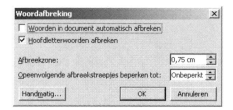

We geven de betekenis van de verschillende mogelijkheden.

Woorden in document automatisch afbreken	Alle woorden worden automatisch afgebroken indien u deze optie selecteert.
Hoofdletterwoorden afbreken	Ook woorden die volledig in hoofdletters zijn getypt, worden automatisch afgebroken.
Afbreekzone	De **afbreekzone** bepaalt welke woorden worden gesplitst. De afbreekzone geeft de ruimte vanaf de rechter marge weer waar woorden worden afgebroken. Een woord dat binnen deze ruimte komt, wordt afgebroken indien het niet meer in zijn geheel op de regel kan. Hoe kleiner u de afbreekzone maakt, hoe meer woorden er dus gesplitst worden. De rechtermarge ziet er dan minder rafelig uit.
Opeenvolgende afbreekstreepjes beperken tot:	Indien woorden op het einde van een regel worden afgebroken, kunt u met deze optie bepalen op hoeveel opeenvolgende regels een woord mag afgebroken worden.
Handmatig	Indien u deze optie selecteert, doorloopt Word het document. Hij toont bij elk woord dat in aanmerking komt om te splitsen, een dialoogvenster. U moet de juiste positie van het afbreekstreepje bevestigen of plaatsen. Indien u het document later wijzigt, moet u de procedure opnieuw starten.

We schakelen de optie *Woorden in document automatisch afbreken* uit.

> ➢ Schakel de optie *Woorden in document automatisch afbreken* uit. Schakel ook de optie *Hoofdletterwoorden afbreken* uit.
> ➢ Klik op *OK*.

We geven nu de volgende tekst in. We kiezen eerst een lettertype en tekengrootte.

> ➢ Selecteer *Times New Roman, 12 pt* in de keuzelijsten in de werkbalk *Opmaak*.

➢ Typ de volgende tekst: `We geven nu een voorbeeld van een zin waarbij we ervan overtuigd zijn dat helemaal achteraan elke lijn woorden staan die vrij lang zijn. Op die manier kunnen we voortreffelijk illustreren wat we bedoelen met het al of niet splitsen van woorden achteraan in een zin. Tekstverwerking heet dat!`
➢ Druk op de Enter-toets.

Er wordt geen enkel woord gesplitst. We activeren nu het automatisch splitsen.

➢ Kies *Extra / Taal / Woordafbreking*.
➢ Selecteer de opties *Woorden in document automatisch afbreken* en *Hoofdletterwoorden afbreken*.
➢ Klik op *OK*.

Onmiddellijk worden enkele woorden gesplitst (achter-aan, illustre-ren, Tekstver-werking). Indien er bij u andere woorden worden gesplitst, hebt u wellicht andere pagina-instellingen.

4.5.2 Soorten afbreekstreepjes

In Word kunt u gebruik maken van drie soorten afbreekstreepjes:

gewoon afbreekstreepje	Indien u een gewoon afbreekstreepje gebruikt (door - te typen), wordt dit in het document geplaatst. Het afbreekstreepje wordt door Word eventueel gebruikt bij het splitsen van het woord.
vast afbreekstreepje	Een vast afbreekstreepje gebruikt u indien u een koppelteken wenst te plaatsen op een plaats waar het woord niet mag afgebroken worden. Indien u bv. een uitdrukking a-b in uw document hebt opgenomen, mag deze uitdrukking niet over twee regels gespreid worden.
	Een vast afbreekstreepje plaatst u m.b.v. de toetsencombinatie Ctrl+_ (Ctrl+Shift+-).
tijdelijk afbreekstreepje	Een tijdelijk afbreekstreepje wordt door Word geplaatst op de positie waar het woord wordt afgebroken als u het splitsen van woorden handmatig uitvoert. U kunt het ook zelf opgeven om de mogelijke splitsingen van een woord te geven.
	Een tijdelijk afbreekstreepje plaatst u door gebruik te maken van de toetsencombinatie Ctrl+-.

We kunnen het proces opnieuw omkeren.

➢ Kies *Extra / Taal / Woordafbreking*.
➢ Schakel de optie *Woorden in document automatisch afbreken* en *Hoofdletterwoorden afbreken* uit.
➢ Klik op *OK*.

Woorden waarin u zelf een tijdelijk afbreekstreepje hebt geplaatst (met Ctrl+-) blijven ge-splitst.

4.5.3 Handmatig splitsen

Indien Word een woord slecht splitst, kunnen we het handmatig splitsen. U selecteert in dat geval het woord en u gebruikt de knop *Handmatig* in het dialoogvenster *Woordafbreking*. U kunt de optie *Handmatig* trouwens voor het ganse document gebruiken. We illustreren dit.

> ➢ Kies *Extra / Taal / Woordafbreking*.
> ➢ Klik op de knop *Handmatig*.

Word geeft u de verschillende mogelijkheden en positioneert zich op een koppelteken. U kunt eventueel de positie van de splitsing verplaatsen m.b.v. de pijltjestoetsen. Daarna klikt u op *Ja*.

> ➢ Klik op *Ja*.
> ➢ Ook bij de andere woorden vraagt Word om een bevestiging. Kies telkens een gepaste plaats.

U kunt de splitsingen verwijderen door het afbreekstreepje te verwijderen. Een tijdelijk afbreekstreepje ziet er uit als een ¬ indien u de codes toont. Indien de codes bij u niet zichtbaar zijn, maakt u ze zichtbaar:

> ➢ Klik op *Weergeven/Verbergen* in de werkbalk *Standaard* als de codes bij u niet zichtbaar zijn.

U verwijdert nu het afbreekstreepje bij 'achteraan'.

> ➢ Positioneer de invoegpositie voor het afbreekstreepje en druk op <Delete>.

U kunt ook manueel een tijdelijk afbreekstreepje toevoegen. U positioneert de cursor op de juiste plaats en u drukt op Ctrl+-.

> ➢ Probeer dit even uit bij het woord dat zojuist gesplitst was (wellicht 'achteraan').

4.6 Woorden, tekens, … tellen

Indien u enkel geïnteresseerd bent in het aantal pagina's, woorden, tekens, alinea's en/of regels die in een document voorkomen, kunt u de menukeuzen *Extra / Woorden tellen* selecteren.

> ➢ Kies *Extra /Woorden tellen*.

Indien u ook de woorden in voet- en eindnoten wenst mee te tellen, moet u de optie *Inclusief voet- en eindnoten* inschakelen.

U kan Word het aantal tekens, woorden, enz. ook laten weergeven in een werkbalk. U klikt in dat geval op de knop *Werkbalk weergeven*.

- ➤ Klik *Annuleren*.
- ➤ Verlaat het document zonder het te bewaren.
- ➤ Open een nieuw document.

Merk op dat Word het aantal karakters dat in een tekst voorkomt in de statusbalk weergeeft als u een document opent. Het gaat in dit geval wel om een geschatte waarde.

4.7　Zoeken naar documenten

4.7.1　Taakvenster Standaardzoekopdracht

We hebben in dit hoofdstuk het zoeken naar tekst in een geopend document behandeld. Dikwijls bent u op zoek naar een document dat u vroeger hebt gemaakt. Ook dit type van zoekacties wordt door Word ondersteund. Word biedt u hiervoor twee taakvensters: *Standaardzoekopdracht* en *Geavanceerd zoeken*. U gebruikt het taakvenster *Standaardzoekopdracht* als u zoekt naar een bepaalde tekst in bestanden, items in Outlook of webpagina's. Het taakvenster *Geavanceerd zoeken* gebruikt u als u op zoek gaat naar bestanden op basis van bepaalde eigenschappen van deze bestanden: de datum dat het bestand gecreëerd is, de auteur van het bestand, enz. We illustreren de werking.

- ➤ Kies *Bestand / Zoeken naar bestanden*.

U krijgt het taakvenster *Standaardzoekopdracht* of *Geavanceerd zoeken*, afhankelijk van uw laatste zoekopdracht. We illustreren eerst het taakvenster *Standaardzoekopdracht*. Indien u het andere taakvenster krijgt, klikt u onderaan in het taakvenster op de link *Standaardzoekopdracht*.

We zoeken bv. alle documenten waarin de tekst *PC-DOS* voorkomt. Indien u een stukje tekst uit het document kent, kan u dit ingeven bij *Tekst zoeken*.

➤ Typ PC-DOS in het vak *Tekst zoeken*.

We moeten nu nog opgeven waar Word de documenten moet zoeken (*Geselecteerde locaties*) en welk type documenten we zoeken (*Geselecteerde bestandstypen*).

We geven eerst op waar Word moet zoeken.

➤ Open de keuzelijst *Zoeken in*.

Om een tak van de boomstructuur te openen moet u op het plusteken klikken, om een tak weer te sluiten, klikt u op het minteken.

Indien u klikt op het aankruisvakje voor *Mijn documenten* wordt in eerste instantie enkel de map *Mijn documenten* geselecteerd, zonder de subdocumenten. Indien u nogmaals klikt, worden ook de subdocumenten geselecteerd. Een derde klik geeft u enkel de submappen. Indien u een vierde keer klikt, wordt alles weer uitgeschakeld.

➤ Zorg ervoor dat enkel *Mijn documenten* geselecteerd is en dat in deze map enkel de submappen *Word2003_1* en *Word2003_1_Vbn* geselecteerd zijn.

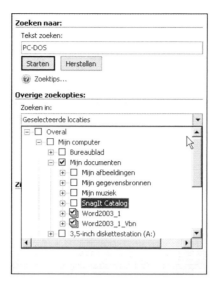

De pictogrammen tonen gestapelde mappen. Word duidt hiermee aan dat ook de submappen van deze mappen geselecteerd worden als u de map selecteert.

We geven op welke documenten Word moet doorzoeken.

➢ Open de keuzelijst *Resultaten moeten zijn.*
➢ Selecteer *Word-bestanden.*

➢ Klik op de knop *Starten*, bovenaan in het taakvenster, om de zoekactie te beginnen.

Word gaat volop op zoek… Even later krijgt u het taakvenster *Zoekresultaten* met een aantal documenten waarin de tekst *PC-DOS* voorkomt. Bij elk document kan u een keuzelijst openen. U kan het document bewerken of u kan een nieuw document openen op basis van dit document.

➢ Selecteer bv. het document H03VB02.DOC en kies *Bewerken met Microsoft Office Word*. Het document wordt geopend.
➢ Sluit het document opnieuw.

U kan een nieuwe zoekactie ingeven door te klikken op de knop *Wijzigen*.

➢ Klik op de knop *Wijzigen*. U krijgt opnieuw het taakvenster *Standaardzoekopdracht*.

Bij het zoeken naar een tekst kan u gebruik maken van de jokertekens * en ?. Een * representeert 0, 1 of meerdere karakters, een ? representeert één karakter.

Indien u een tekst wenst in te geven die uit meerdere woorden bestaat, plaatst u deze tussen aanhalingstekens. Word zoekt in dat geval naar documenten waarin de volledige tekst voorkomt.

We verwijzen voor meer details naar de link *Zoektips* in het taakvenster.

4.7.2 Taakvenster Geavanceerde zoeken

Word biedt u heel wat meer zoekmogelijkheden. U kan zoeken op basis van de eigenschappen van een bestand.

➢ Klik op de link *Geavanceerd zoeken* in het taakvenster *Standaardzoeken*.

U hebt nu de mogelijkheid om bestanden te zoeken op basis van *Aanmaakdatum, Aantal pagina's, Laatst afgedrukt op,...* U kan ook meerdere eigenschappen combineren met de operatoren *En* en *Of.*

> ➢ Selecteer *Aantal pagina's* bij *Eigenschap.*
> ➢ Selecteer *groter dan* bij *Voorwaarde.*
> ➢ Typ 10 bij *Waarde.*
> ➢ Klik op de knop *Toevoegen.*

Ook hier geeft u op waar u de bestanden wenst te zoeken en welk type van bestanden u wil doorzoeken. De keuzes die we net hebben gemaakt, staan nog ingesteld.

> ➢ Klik op de knop *Start.*

Word gaat weer aan het werk… Even later hebt u de resultaten. Dat zou alleszins moeten… ik heb echter ervaren dat Word de statistieken m.b.t. aantal pagina's e.d. niet altijd goed bewaart.

> ➢ Klik op de knop *Wijzigen.*

4.7.3   Zoekopties

U kan het zoekproces versnellen als u de optie *Snel zoeken* inschakelt. De optie *Snel zoeken* maakt gebruik van de **Windows Indexing Service**. Indien deze service is ingeschakeld, wordt informatie uit de bestanden gehaald en op een manier bijgehouden zodat toekomstige zoekacties veel sneller kunnen verlopen. Het gaat hier zowel om de inhoud van een bestand als om de eigenschappen van een bestand.

Het indexeren van de bestanden gebeurt op de achtergrond, als de computer niet actief is. Indien uw pc weinig geheugen heeft of vrij oud is, vermindert de performantie van uw computersysteem merkelijk.

U kan de Indexing-service als volgt activeren.

> Selecteer eventueel het taakvenster *Standaardzoekopdracht*.
> Klik op de knop *Zoekopties* in het taakvenster *Standaardzoekopdracht*.
> Klik op de knop *Zoekopties*.

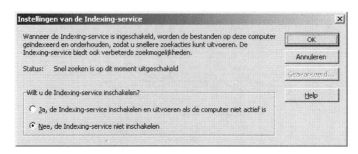

Indien u de service wenst in te schakelen, opteert u voor de eerste optie. Voor het vervolg van deze cursus hoeft de service niet ingeschakeld te zijn. U mag kiezen...

> Klik op *OK* indien u een wijziging hebt aangebracht of op *Annuleren* als u de instellingen niet wenst te wijzigen.

4.7.4   Het dialoogvenster Zoeken

De mogelijkheden die u krijgt in de taakvensters *Standaardzoekopdracht* en *Geavanceerd zoeken* krijgt u ook in het dialoogvenster *Zoeken naar bestanden*. U roept het dialoogvenster op vanuit het dialoogvenster *Openen*.

> Kies *Bestand / Openen* en kies *Extra / Zoeken*.

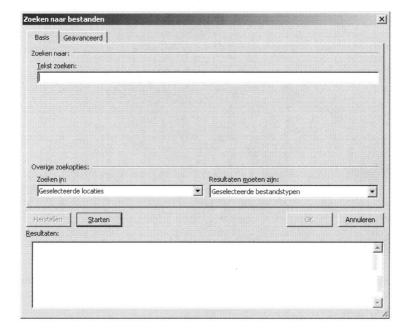

De opties in het tabblad *Basis* komen overeen met de opties in het taakvenster *Standaardzoekopdracht*, de opties in het tabblad *Geavanceerd* komen overeen met de opties in het taakvenster *Geavanceerd zoeken*.

> Klik op de knop *Annuleren*.

4.7.5 De optie Voorbeeld

Als u niet meer weet welk de inhoud van een bestand is, kan u het document uiteraard openen. U kan ook een voorbeeld laten zien in het dialoogvenster *Openen*. Dikwijls volstaat deze methode ook om een bepaald document te zoeken.

> U kiest uit de keuzelijst *Weergaven* de optie *Voorbeeld*.

U krijgt nu de inhoud van het bestand dat geselecteerd is.

> Selecteer enkele andere bestanden om het effect te zien.
> Probeer ook de andere weergaven uit!
> Sluit het dialoogvenster zonder een document te openen.

4.8 Oefeningen

Oefening 1
Open het document H02VB02s.DOC in de map Word2003_1_Vbn. Zorg ervoor dat Word de woorden handmatig afbreekt. De afbreekzone moet op 0,5 cm geplaatst worden. Voer de nodige splitsingen uit. Bekijk het resultaat en bewaar het als H04OEF01.DOC.

Oefening 2
Open het document H04OEF02s.DOC van uw schijf. Voer volgende zoekacties uit. Begin het zoeken telkens bovenaan uw document. U houdt rekening met hoofdletters en kleine letters.

- orde (zowel alleenstaand als in samenstellingen)
- Orde (zowel alleenstaand als in samenstellingen)
- orde (als alleenstaand woord)
- Orde (als alleenstaand woord)
- orde in tekengrootte 17 pt
- cursieve tekst

Vervang vanaf het begin van uw document overal 'stoel' door 'zit'. Vervang nu in omgekeerde volgorde 'zit' door 'stoel' (maar enkel waar dit zinvol is). Bewaar het document als H04OEF02.DOC.

Oefening 3
Open het document H04OEF03s.DOC dat u vindt in de map Word2003_1_Vbn. Het is een Engels document.
a) Zoek alle woordvormen van het werkwoord *to be*.
b) Zoek alle woordvormen die klinken als *either*.

Oefening 4
Zoek de bestanden in de map *Word2003_1*

a) die u vandaag hebt aangemaakt,
b) die u vorige week nog hebt opgeslagen.

5 Een foutje meer of minder

5.1 Inleiding

Als uw tekst af is, kunt u deze ook laten controleren op spelling- en grammaticafouten. Word biedt u spellingmodules in verschillende talen. Als u een Nederlandse versie van Word gebruikt, is de Nederlandse, Franse en Engelse spelling- en grammaticamodule inbegrepen. Andere modules moet u apart kopen.

We kunnen Word ook synoniemen van een woord laten opzoeken. Meer zelfs, we kunnen de betekenis van een woord opzoeken in allerlei bronnen op het internet. We gebruiken hiervoor het taakvenster *Onderzoeken*.

Het is in Word mogelijk om fouten die u vaak maakt automatisch te laten verbeteren (Auto-Correctie). Ook kunt u tekstfragmenten die u dikwijls gebruikt, met een afkorting ingeven. We leren hoe u dat doet.

5.2 Spelling en grammatica

5.2.1 Opties

Wellicht is de spelling- en grammaticamodule bij u actief. Woorden waarvan Word denkt dat ze foutief geschreven zijn, worden in dat geval door een rood golflijntje onderstreept. Indien u, volgens Word, een grammaticale fout maakt, wordt dit door een groen golflijntje aangegeven. Deze lijntjes worden uiteraard niet afgedrukt als u het document afdrukt.

Word detecteert automatisch in welke taal u een document maakt. Hij past de juiste spelling- en grammaticacontrole toe op het document. De routines voor deze controles moeten natuurlijk geïnstalleerd zijn.

U kan de automatische spelling- en grammaticacontrole ook afzetten. Dat doet u in het tabblad *Spelling en grammatica* van het dialoogvenster *Opties*.

➢ Open het document H05VB01s.DOC in de map *Word2003_1_Vbn*.
➢ Kies *Extra / Opties* en selecteer het tabblad *Spelling en grammatica*.

U krijgt het dialoogvenster *Opties*.

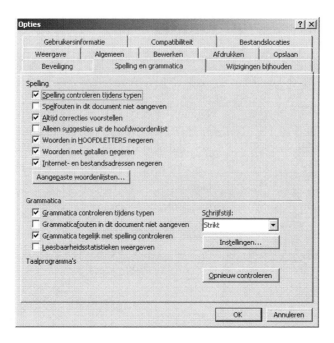

U krijgt twee kaders. Het bovenste kader geeft u een aantal instellingen m.b.t. de spellingcontrole, het onderste kader geeft u de opties m.b.t. de grammaticacontrole.

In beide kaders is de eerste optie de instelling om de controle tijdens het typen van de tekst in te stellen. Indien u tekst typt, plaatst Word een rood golflijntje onder een fout tegen de spelling en een groen golflijntje onder een fout tegen de grammatica. Indien u de opties hier uitschakelt, doet Word dit niet meer. Ook voor andere documenten blijft de optie uitgeschakeld.

U kunt ook de spelfouten enkel voor het huidige document verbergen. Dat is de tweede optie.

De optie *Altijd correcties voorstellen* zorgt ervoor dat Word een lijst weergeeft met de voorgestelde spelling indien het woord volgens Word een fout bevat.

De optie *Woorden in HOOFDLETTERS negeren* is standaard geselecteerd. Het voorkomt dat Word bij alle letterwoorden (ABN, MB, …) aangeeft dat het woord foutief is gespeld. De opties *Woorden met getallen negeren* en *Internet- en bestandsadressen negeren* zijn analoge opties.

Word gebruikt een woordenboek om de spelling te controleren. In het midden van het venster ziet u de knop *Aangepaste woordenlijsten*. U kunt een nieuwe woordenlijst toevoegen via deze knop. We komen er later in dit hoofdstuk op terug.

In de keuzelijst *Schrijfstijl* geeft u de schrijfstijl op die Word moet gebruiken bij de controle van het actieve document. Indien u op de knop *Instellingen* klikt, kan u de verschillende opties zien die bij een bepaalde stijl zijn ingesteld.

Indien u de optie *Leesbaarheidsstatistieken weergeven* inschakelt, toont Word een dialoogvenster met statistieken nadat u de grammaticacontrole hebt uitgevoerd.

In de schermafdruk zien we de knop *Opnieuw controleren*. Indien u het document nog niet hebt gecontroleerd op spelling- en grammaticafouten, krijgt u de knop *Document controleren*. Met de knop *Opnieuw controleren* kan u opnieuw door het document lopen op zoek naar spelling- en grammaticafouten.

➢ Selecteer de opties zoals in bovenstaand tabblad te zien is. Klik daarna op *OK*.

5.2.2 Spelling en grammatica tijdens het typen

In het document H05VB01s.DOC merkt u woorden die met een rood golflijntje zijn onderstreept. Word vermoedt dat deze woorden foutief gespeld zijn. U ziet ook het woord *Dit* dat met een groen lijntje is onderstreept. Word geeft hier aan dat er een grammaticale fout is.

U kan de spelling en grammatica controleren voor het ganse document of u kan de controle per woord uitvoeren. We illustreren eerst dit laatste.

➢ Klik rechts op het woord *loap*. U krijgt een aantal alternatieven.

➢ Selecteer *loop*.

Word wijzigt het woord *loap* in *loop*.

Indien Word geen suggesties heeft, krijgt u de melding *(geen spellingsuggesties)*.

U kan dezelfde werkwijze toepassen voor een grammaticale fout.

➢ Klik rechts op *Dit*.

Word geeft hier als enige suggestie *Deze*. Dat is goed.

➢ Selecteer *Deze*.

5.2.3 Het dialoogvenster Spelling en grammatica

Als u de spelling- en grammaticacontrole niet standaard hebt aanstaan, kan u best net voor u uw document afdrukt, Word even laten controleren of er spelfouten aanwezig zijn. Word doet dit niet feilloos en is niet perfect maar u vermijdt fouten zoals vermeidt, acttie, typpen, enz...

Word kan ook de grammatica van uw document onderzoeken. Verwacht hier echter niet teveel van. De grammaticacontrole is niet altijd feilloos...

We starten de spellingcontrole op via de knop *Spelling- en grammaticacontrole* in de werkbalk *Standaard* of via de menukeuzen *Extra / Spelling- en grammaticacontrole*.

> ➢ Druk op Ctrl+Z of kies *Bewerken / Ongedaan maken Grammatica Wijzigen* om de laatste wijziging ongedaan te maken.
> ➢ Druk op Ctrl+Z of kies *Bewerken / Ongedaan maken Spelling Wijzigen* om de wijziging 'loop i.p.v. loap' ongedaan te maken.
> ➢ We starten de module op. Kies *Extra / Spelling- en grammaticacontrole*.

Onderaan links ziet u het selectievakje *Grammatica controleren*. Indien deze optie geselecteerd is, controleert u zowel de spelling als de grammatica.

Het eerste woord dat Word niet kent is 'loap'. In het bovenste vak toont hij dit woord in het rood. In het tekstkader *Suggesties* suggereert Word een aantal mogelijke juiste waarden. In dit kader zien we dezelfde waarden staan als in het snelmenu. De suggestie 'loop' is goed.

> ➢ Selecteer het woord *loop* en klik op *Wijzigen*.

U mag de wijzigingen ook rechtstreeks intypen in het bovenste venster en daarna op de knop *Wijzigen* klikken. Dit is vooral van nut als Word geen goede suggestie heeft.

Onder de knop *Wijzigen* merkt u ook de knop *Alles wijzigen*. Met deze laatste knop zal Word bij een volgend voorkomen van 'loap' dit onmiddellijk veranderen in 'loop'.

De knop *AutoCorrectie* voegt een woord toe aan de lijst met woorden die automatisch worden gecorrigeerd. We komen hierop later in dit hoofdstuk terug.

Het volgende woord dat foutief is, is 'verschillente'. Word ziet dit niet … Jammer! Word geeft aan dat u het woord *op* meerdere keren achter elkaar hebt gebruikt. Dat is hier inderdaad niet de bedoeling. U kan het tweede woord verwijderen.

➤ Klik *Verwijderen*.

Even later geeft Word 'DOS-shell' als onbekend op. Hij geeft enkele suggesties. Het woord is echter goed geschreven.

➤ Klik *Eenmaal negeren*.

In plaats van *Eenmaal negeren* kan u ook kiezen voor *Alles negeren*. Indien het woord een volgende keer voorkomt in dezelfde tekst, zal Word dit ook negeren.

U kan het woord ook toevoegen aan uw eigen woordenlijst. Word zal het woord dan voortaan herkennen als een geldig woord, ook in uw volgende teksten! We leren verder in dit hoofd-stuk hoe u zelf meerdere eigen woordenboeken kan maken.

U kunt de spellingcontrole nog even verder zetten. Even later heeft Word het ganse document doorlopen. Word markeert nog enkele woorden die juist geschreven zijn. Op het einde van het documentje vindt hij nog een grammaticafout.

Word meldt terecht dat *Dit tekst* moet vervangen worden door *Deze tekst*.

➤ Klik op de knop *Wijzigen*.

Even later meldt Word: *De spelling- en grammaticacontrole is voltooid*. De boodschap is duidelijk.

➤ Klik *OK*.

U kunt de spellingcontrole steeds vroegtijdig stopzetten door op de knop *Annuleren* te klik-ken.

5.2.4 Ongedaan maken

Indien u een wijziging hebt aangebracht via de spellingcontrole kunt u die weer ongedaan maken m.b.v. de knop *Ongedaan maken.*

5.2.5 Teveel fouten

Indien u grote documenten bewerkt, kan het zijn dat er meer spel- en grammaticafouten in staan dan Word kan verwerken. In dat geval meldt Word dit en worden de fouten niet meer getoond.

5.2.6 Selectie

U kan de spelling- en grammaticacontrole ook op een gedeelte van het document toepassen. U selecteert in dat geval dit gedeelte en u klikt daarna op de knop *Spelling en grammaticacontrole* in de werkbalk *Standaard.* Indien Word de selectie heeft gecontroleerd, vraagt Word of u ook de rest van het document wenst te controleren.

Het omgekeerde kan ook. U kan opgeven dat Word een bepaalde selectie niet moet controleren op spelling- en grammaticafouten. U selecteert hiervoor de tekst en u kiest *Extra / Taal / Taal instellen.* U selecteert hier de optie *Geen spelling- of grammaticacontrole uitvoeren.*

5.2.7 Het pictogram in de statusbalk

Indien u uw document op spelfouten wenst te controleren, kan u ook naar de volgende spelfout gaan door op de aanduiding in de statusbalk te dubbelklikken.

➢ Bewaar het document als H05VB01.DOC.

5.3 Eigen woordenboeken

Bij de installatie van Microsoft Office worden de nodige woordenboeken geïnstalleerd. Word gebruikt deze woordenboeken bij de spelling- en grammaticacontrole. U kan ook zelf één of meerdere bijkomende woordenboeken aanmaken.

5.3.1 Een eigen woordenboek

Word maakt standaard een woordenboek *Custom.dic* aan waarin het de woorden plaatst die u in uw eigen woordenboek wenst toe te voegen.

➢ Kies *Extra / Opties* en selecteer het tabblad *Spelling en grammatica.*
➢ Klik op de knop *Aangepaste woordenlijsten.*

Word voorziet standaard in een aantal woordenlijsten *Juridisch.dic, Maatsch.dic*, enz.

Indien u woorden toevoegt, komen deze standaard in het woordenboek *Custom.dic*.

> ➤ Selecteer *Custom.dic (standaard)*.
> ➤ Klik op de knop *Wijzigen*.

U kan woorden in de woordenlijst toevoegen of uit de woordenlijst verwijderen.

Dit woordenboek wordt in alle talen gebruikt tenzij u in de keuzelijst *Taal* een bepaalde taal instelt. U kan de inhoud van het woordenboek bewerken. We voegen bv. een woord toe.

➤ Typ het woord DOS-shell en klik op de knop *Toevoegen*.
➤ Klik *OK*.

5.3.2 Een woordenboek toevoegen

We voegen een woordenboek toe.

➤ Klik op de knop *Nieuw* in het dialoogvenster *Aangepaste woordenlijsten*.
➤ U kan een nieuwe naam ingeven. Typ Namen en klik op *Opslaan*. U kan in dit woordenboek bv. alle namen opnemen van personen die regelmatig in uw teksten voorkomen.

U krijgt nu twee woordenboeken. Word doorzoekt, naast het geïnstalleerde woordenboek, beide woordenboeken bij een spellingcontrole. Het woordenboek *Custom.dic* is nog steeds het standaard woordenboek. Dit betekent dat de woorden die u toevoegt in dit woordenboek komen. U kan een ander woordenboek als standaard woordenboek aangeven door het woordenboek te selecteren en op de knop *Standaard wijzigen* te klikken.

➤ Sluit de verschillende dialoogvensters.
➤ Sluit het document H05VB01.DOC.

5.4   Meerdere talen in één document

U kan in één document ook meerdere talen gebruiken. We vertrekken van het document H05VB02s.DOC.

➤ Open het document H05VB02s.DOC in de map Word2003_1_Vbn.

Het woord *inheritance* is bv. een Engels woord. We geven dit aan in de tekst.

➢ Klik rechts op het woord *inheritance* en kies *Taal / Taal instellen*.

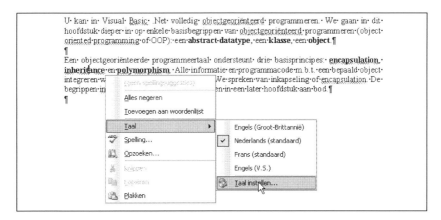

In de bovenstaande schermafdruk merkt u dat we ook rechtstreeks kunnen kiezen voor *Engels (Groot-Brittannië)*. In ons geval hebben we dialoogvenster *Taal* geopend.

➢ Selecteer *Engels (Groot-Brittannië)* en klik *OK*.

U merkt dat het rode golflijntje onder het woord verdwijnt. Het woord wordt nu geïnterpreteerd als een Engels woord.

➢ Pas de techniek zelf toe op *encapsulation* en selecteer *Engels (Groot-Brittannië*) in de keuzelijst.
➢ Bewaar het document als H05VB02.DOC. Sluit het document.

5.5 Synoniemen

5.5.1 Synoniemen via een snelmenu

Word biedt u ook een module *Synoniemen* aan. Indien u een tekst typt, kunt u Word een synoniem van een woord laten opzoeken. Indien u rechts klikt op een woord, krijgt u een menukeuze *Synoniemen* met een lijst van synoniemen.

➢ Open opnieuw het document H05VB01.DOC.
➢ Klik rechts op het woord *succes* en kies *Synoniemen*.

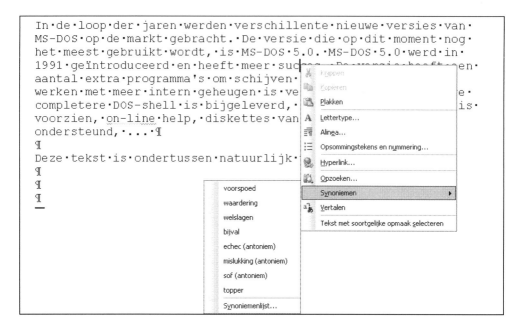

U merkt dat u niet enkele synoniemen krijgt maar ook antoniemen. Dat zijn tegengestelden.

> Selecteer het woordje *welslagen*.

Het woord *succes* wordt onmiddellijk gewijzigd in *welslagen*.

5.5.2 Synoniemenlijst

U kan de synoniemenlijst ook oproepen vanuit menukeuzen. We plaatsen de invoegpositie op het woord *extra* in het voorbeeld H05VB01.DOC.

> Positioneer de invoegpositie in het woord *extra*.
> Kies *Extra / Taal / Synoniemenlijst*.

Word opent het taakvenster *Onderzoeken*.

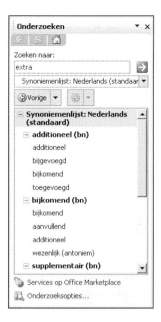

Het geselecteerde woord ziet u in het tekstkader *Zoeken naar*. In de keuzelijst daaronder merkt u dat de optie *Synoniemenlijst: Nederlands (standaard)* is gekozen. We komen op de andere mogelijkheden wat verder in dit hoofdstuk terug.

U krijgt in het vak *Synoniemenlijst* een aantal synoniemen: *additioneel, bijkomend, supplementair* met telkens enkele woorden eronder. Indien u de muiswijzer op een woord plaatst, krijgt u een keuzelijst. Indien u de keuze *Invoegen* maakt, wordt het woord ingevoegd.

➢ Open de keuzelijst bij het woord *bijkomend*.

Indien u verder naar synoniemen wenst te zoeken, maakt u de keuze *Opzoeken*. Dat doen we hier niet. We voegen het woord *bijkomend* in.

➢ Kies *Invoegen*.

Het woord *extra* wordt vervangen door het woord *bijkomend*. U moet het woord zelf nog in de juiste vorm plaatsen.

➢ Wijzig *bijkomend* in *bijkomende* in de tekst.
➢ Bewaar het document opnieuw onder de naam H05VB01.DOC. Sluit het document.

5.6   Het taakvenster Onderzoeken

Het taakvenster *Onderzoeken* biedt u veel meer. U kunt het taakvenster ook gebruiken om de betekenis van een woord te achterhalen, een woord te vertalen naar een andere taal, naar websites te zoeken die refereren naar het woord, enz. Word gebruikt hiervoor beschikbare bronnen. Dit zijn in eerste instantie gratis tools. U kan echter ook een beroep doen op betalende diensten.

5.6.1   Een zoekactie starten

Om een zoekactie te starten, hebt u enkele mogelijkheden. We illustreren ze.

➢ Open het document H05VB03s.DOC.
➢ U houdt de Alt-toets in en u klikt op het woord *Pensioensparen*.

Word gaat onmiddellijk op zoek op basis van de keuze in de tweede keuzelijst. Standaard zoekt Word in alle naslagwerken. We zoeken waarin gerefereerd wordt naar de term *pensioensparen*.

➢ Selecteer *Alle naslagsites* in de tweede keuzelijst in het taakvenster.

De onderwerpen kunnen natuurlijk bij u anders zijn. We geven een tweede voorbeeld. U kan een zoekactie ook starten m.b.v. een snelmenu.

➢ Klik rechts op het woord *overheid* en kies *Opzoeken*.

U krijgt nu weer andere onderwerpen. U kan natuurlijk ook gewoon een onderwerp typen in het vak *Zoeken naar* en op de knop *Zoekactie starten* klikken. We illustreren dit voor een vertaling.

➢ Typ kast in het vak *Zoeken naar*.
➢ Kies *Vertaling* in de tweede keuzelijst.

Onmiddellijk gaat Word op zoek. U krijgt even later de vertaling.

De vertaling gebeurt door WordLingo. U kan ook een offerte aanvragen om een volledig document te vertalen.

5.6.2 Onderzoeksopties

Onderaan in het taakvenster ziet u de link *Onderzoeksopties*. U kan opgeven welke bronnen of **zoekservices** u wenst te gebruiken.

➢ Klik op de link *Onderzoeksopties*.

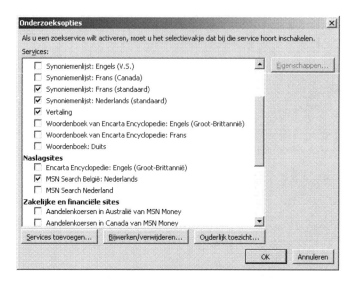

U merkt de categorieën *Naslagwerken, Naslagsites, Zakelijke en financiële sites* en *Overige services*. In de verschillende categorieën zijn een aantal services weergegeven. U kan services selecteren of deselecteren. U kan ook services toevoegen. In dit geval moet u het internetadres kennen van de service die wordt aangeboden.

De knop *Ouderlijk toezicht* laat u toe om de inhoud van de onderwerpen te filteren. Aanstoot-gevende onderwerpen worden in dit geval geweerd.

➢ Klik op *Annuleren*.

5.6.3   Services op Office Marketplace

U kan ook betalende services toevoegen. Microsoft geeft een aantal services weer op haar website.

➢ Klik op de hyperlink *Services op Office Marketplace* onderaan in het taakvenster.

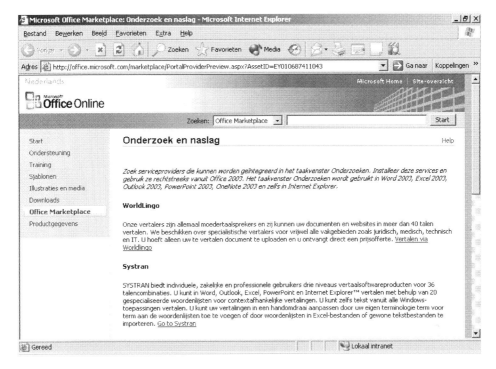

> U kan de mogelijkheden even doorlezen. Sluit daarna de website.
> Sluit het Word-document.

5.7 AutoCorrectie

5.7.1 AutoCorrectie

Indien u vaak dezelfde fouten maakt, kunt u deze fouten opnemen in een lijst. Word kan deze fouten dan automatisch aanpassen. U kunt in deze lijst ook afkortingen opnemen en deze laten vervangen door de volledige uitdrukking.

> Open een nieuw document.
> Kies *Extra / AutoCorrectie-opties*. Selecteer het tabblad *AutoCorrectie*.

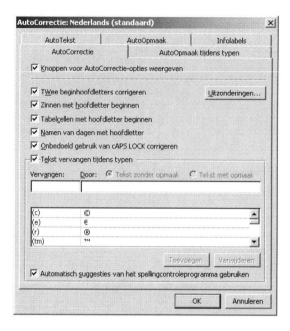

Met de eerste optie stelt u in of de knop AutoCorrectie-opties moet weergegeven worden als Word automatisch een wijziging doorvoert. We laten deze optie geselecteerd.

De betekenis van de volgende opties verduidelijken we zo dadelijk met een voorbeeld. U kunt in het dialoogvenster nog een aantal uitzonderingen op de eerste regels geven. Dat doet u via de knop *Uitzonderingen* in het dialoogvenster.

➢ Selecteer de opties zoals in de figuur is weergegeven.

Indien u in Word een bepaalde tekenreeks automatisch wil laten omzetten in een andere tekenreeks, moet de optie *Tekst vervangen tijdens typen* ingeschakeld zijn.

Daaronder vindt u de mogelijke fouten en afkortingen. Bovenaan merkt u bv. links de tekst (c) en rechts ©. Indien u de tekst links intypt, vormt Word deze automatisch om naar de tekst in het vak rechts. Wat verder in de lijst ziet u bv. links *hte* en rechts *het*. Indien u het woord 'het' verkeerd schrijft (hte), dan verbetert Word dit automatisch. We illustreren dit.

➢ Klik *OK* om het venster te sluiten.
➢ Typ `WIj testen dit uit.` Word wijzigt de tweede hoofdletter in 'WIj' onmiddellijk in een kleine letter. Dat is de betekenis van *TWee beginhoofdletters corrigeren.*
➢ Typ `Ik test dit uit. en dit ook.` Word wijzigt de kleine letter e van het eerste woord na een punt in een hoofdletter. Dat is de betekenis van *Zinnen met hoofdletter beginnen.*
➢ Druk de Capslock-toets in. Typ `zIJ TESTEN DIT UIT.` Word wijzigt onmiddellijk de kleine z in een hoofdletter en de overige letters in kleine letters. De Capslock-toets wordt uitgeschakeld. Dat is de betekenis van *Onbedoeld gebruik van cAPSLOCK corrigeren.*

➢ Typ de tekst `Ik ben hte moe!`

U merkt dat Word *hte* onmiddellijk vervangt door *het*.

> ➤ Typ de tekst Altans.

Word wijzigt het woord onmiddellijk in *Althans*.

Het copyright-teken © verkrijgt u door (c) in te geven.

> ➤ Typ (c).

5.7.2   Tekstfragmenten

U kan in het vak *Door* ook tekstfragmenten die u vaak nodig hebt, plaatsen. U kent er een afkorting aan toe in het vak *Vervangen*. U kan daarna steeds de afkorting intypen om het volledige tekstfragment te verkrijgen. We illustreren de werking. U kan het tekstfragment eerst in het document plaatsen.

> ➤ Typ Roger Frans op een nieuwe regel.
> ➤ Selecteer de tekst (zonder de alineamarkering).
> ➤ Kies *Extra / AutoCorrectie-opties*. U merkt dat de tekst in het vak *Door* is opgenomen.
> ➤ Typ in het vak *Vervangen* bv. rf en klik *Toevoegen*.
> ➤ Klik op de knop *Sluiten* om het dialoogvenster te sluiten.

We typen nu de volgende tekst op een nieuwe regel.

> ➤ Typ Ik ben rf.

Automatisch wordt *rf* vervangen door *Roger Frans*. U kunt een woord of afkorting opnieuw verwijderen. Daartoe selecteert u het woord in de lijst (in het scherm *AutoCorrectie*) en u klikt op de knop *Verwijderen*.

> ➤ Verwijder op deze manier de afkorting 'rf'.

5.7.3   Uitzonderingen op AutoCorrectie

Soms moet de eerste letter van een zin niet met een hoofdletter geschreven worden of komen er twee hoofdletters in het begin van een woord. Dergelijke uitzonderingen kan u opgeven.

> ➤ Kies *Extra / AutoCorrectie-opties* en selecteer het tabblad *AutoCorrectie*.
> ➤ Klik op de knop *Uitzonderingen*.

Het databasepakket dBase werd vroeger veel gebruikt. In teksten over databases komt de naam nog frequent voor. We geven de naam op als uitzondering.

> ➢ Selecteer het tabblad *TWee hoofdletters*.
> ➢ Typ DBase en klik op de knop *Toevoegen*.
> ➢ Klik twee keer op de knop *OK*.
> ➢ Typ nu in het document, op een nieuwe regel, de tekst DBase is een database...

Word past het woord niet aan.

5.8   AutoTekst

5.8.1   Het tabblad *AutoTekst*

Indien u een deel van een tekst ingeeft, vervolledigt Word de tekst soms. De tekstfragmenten die op deze manier vervolledigd worden, zijn ingegeven in het tabblad *AutoTekst*.

> ➢ Kies *Extra / AutoCorrectie-opties*. Selecteer het tabblad *AutoTekst*.

U ziet bv. het fragment *Geachte heer/mevrouw*. We hebben dit fragment in een vorig hoofdstuk ontmoet.

➢ Klik *OK* om het dialoogvenster te sluiten.

5.8.2 Invoegen van een bestaande tekst in AutoTekst

U kan in het tabblad *AutoTekst* van het dialoogvenster *AutoCorrectie* op de knop *Invoegen* klikken om een bestaande tekst in uw document in te voegen. Het kan ook eenvoudiger.

➢ Kies *Invoegen / AutoTekst*.

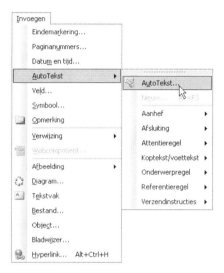

U merkt dat de verschillende teksten gegroepeerd zijn in categorieën: *Aanhef, Afsluiting, enz.*

➢ Kies *Aanhef / Geachte heer/mevrouw*.

De tekst wordt ingevoegd in het document.

5.8.3 Zelf een tekst maken voor AutoTekst

We typen in het document onze naam en ons adres. Daarna kennen we hieraan een tekstfragment met de naam rf toe.

➢ Typ `Roger Frans` en druk op de Enter-toets.
➢ Typ `Olmensebaan 66` en druk op de Enter-toets.
➢ Typ `2490 BALEN` en druk op de Enter-toets.

➢ Selecteer de drie regels en kies *Extra / AutoCorrectie-opties*.
➢ Selecteer het tabblad *AutoTekst* en typ `rf`. U merkt dat de tekst in het vak *Voorbeeld* is opgenomen.
➢ Klik op *Toevoegen*.

5.8.4 Gebruiken van een eigen AutoTekst

Indien u het tekstfragment wenst te gebruiken, typt u de afkorting en drukt u op de functie-toets F3.

> Typ rf en druk op de functietoets F3.

Het adres wordt ingevoegd. U kan het adres ook als volgt ingeven.

> Kies *Invoegen / AutoTekst / Standaard / rf.*

5.8.5 Naam van AutoTekst met minstens 4 tekens

Indien u voor de afkorting van de AutoTekst minstens 4 tekens neemt, toont Word na het 4de teken automatisch het volledige tekstfragment. Dat is de eenvoudigste manier om tekstfragmenten op te roepen.

> Selecteer opnieuw de 3 regels met adresgegevens.
> Kies *Extra / AutoCorrectie-opties*. Selecteer het tabblad *AutoTekst*.
> Typ Roger in het vak *AutoTekst-fragmenten hier invoeren* en klik op *Toevoegen*.

We testen dit uit.

> Typ Roger.

Word toont in een tekstfragment een gedeelte van het adres.

> Druk op de Enter-toets om het tekstfragment in te voegen.

5.8.6 Verwijderen van een AutoTekst

U kan een AutoTekst ook verwijderen.

> Kies *Extra / AutoCorrectie-opties* en selecteer het tabblad *AutoTekst*.
> Typ rf in het vak *AutoTekst-fragmenten hier invoeren* en klik op *Verwijderen*.
> Verwijder ook het tekstfragment *roger*.
> Klik op *Sluiten* om het dialoogvenster te sluiten.

5.8.7 Enkele opmerkingen over AutoTekst

De optie *Suggesties van AutoAanvullen weergeven* moet ingeschakeld zijn opdat u de Auto-Tekst-fragmenten in de scherminfo te zien krijgt. U vindt de optie in het dialoogvenster *Auto-Correctie*, tabblad *AutoTekst*.

We merken op dat Word ook een werkbalk *AutoTekst* heeft. Indien u veel gebruik maakt van *AutoTekst* kan het nuttig zijn deze op het scherm te tonen.

Indien de invoegpositie zich bevindt in een kop- of voettekst, krijgt u andere waarden in de menu's.

5.9 AutoOpmaak

5.9.1 Automatische opmaak

We hebben in het vorige hoofdstuk gezien dat we een document automatisch kunnen laten opmaken door Word m.b.v. de menukeuzen *Opmaak / AutoOpmaak*. Bij het opmaken van een document werkt Word volgens bepaalde instellingen. Een deel van deze instellingen kunnen we beïnvloeden. Dat doen we in het tabblad *AutoOpmaak* van het dialoogvenster *AutoCorrectie*.

➤ Kies *Extra / AutoCorrectie-opties*.

In het dialoogvenster *AutoCorrectie* hebt u ook de tabbladen *AutoOpmaak tijdens typen* en *AutoOpmaak*. De opties zijn vrijwel gelijk. Het tabblad *AutoOpmaak tijdens typen* geeft de instellingen die rechtstreeks gelden bij het typen van een tekst, het andere tabblad geldt voor een document waarop u automatische opmaak toepast.

5.9.2 AutoOpmaak tijdens typen

We bekijken de opties.

➤ Selecteer *AutoOpmaak tijdens typen*.

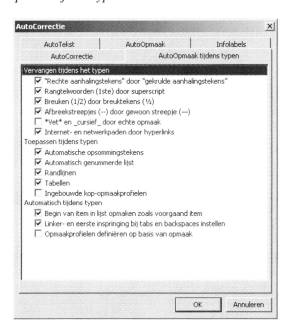

We bespreken enkele opties (tweede reeks in het venster):

Automatische opsommings-tekens	Indien u een alinea begint met een afbreekstreepje (-), een sterretje (*) of het teken >, gevolgd door een spatie of tab, dan veronderstelt Word dat u een lijst met opsommingstekens wenst te maken. Hij gebruikt dan ook deze opmaak.
Automatisch genummerde lijst	Indien u een alinea begint met een getal of een letter gevolgd door een punt, spatie of tab, dan converteert Word dit naar een genummerde lijst.
Randlijnen	Indien u drie of meer afbreekstreepjes (-), onderstrepingste-kens (_) of gelijkheidstekens (=) typt en u drukt op de Enter-toets, wordt een dunne, dikke of dubbele lijn getrokken.
Tabellen	Als u een aantal plustekens en afbreekstreepjes typt, maakt Word hiervan een tabel (bv. +--+-----+).
Ingebouwde kop-opmaakprofielen	Indien u enkele woorden op een regel plaatst en u drukt twee keer op de Enter-toets, dan maakt Word automatisch een titel van de tekst. De optie is standaard niet geselecteerd.

➢ Probeer wat opties uit. Sluit daarna het dialoogvenster.

5.10 AutoSamenvatting

Word kan een tekst samenvatten. Jammer voor ons... maar Nederlandse teksten kan Word nog niet samenvatten. Volgende keer beter?

5.11 Oefeningen

Oefening 1
Open het document H05OEF01s.DOC. Pas hierop spelling- en grammaticacontrole toe. Zorg ervoor dat Word de Nederlandse taalmodule neemt. Verbeter waar nodig. U mag zelf verbeteringen aanbrengen waar de spelling- en grammaticacontrole tekort schiet.

Volgende woorden zoekt u met de zoekfunctie. U vervangt ze door een passend synoniem. Zoek deze synoniemen op m.b.v. de synoniemenlijst.

- feest
- bus
- lief

- jas
- schreien
- beroerd

Bewaar uw opstelletje als H05OEF01.DOC.

Oefening 2
In het helpscherm *Opties voor grammatica en schrijfstijl* vindt u informatie die betrekking heeft op het programma voor grammaticacontrole en schrijfstijl. Zoek het helpscherm op via de helpfunctie van Word. Lees de helptekst.

Oefening 3
Open het document H02VB02s.DOC.

a) Markeer alle voorkomens van 'IBM'.
b) U kan de woorden die Word niet herkent, doorlopen door te dubbelklikken op het picto-gram *Status grammatica en spelling* in de statusbalk. Test dit uit.

Bewaar het document als H05OEF03.DOC.

Oefening 4
Open het document H05OEF04s.DOC. Het is een Franse tekst. Ga na of aangegeven is dat de tekst in het Frans is.

- Pas de spelling- en grammaticacontrole toe op het document.
- Zorg ervoor dat het Nederlandse woord "bron" onderaan geïnterpreteerd wordt als een Nederlands woord.

Bewaar het resultaat als H05OEF04.DOC.

Oefening 5
Open het document H05OEF05s.DOC. Zorg ervoor dat u een eigen woordenboek *Namen.dic* hebt aangemaakt. Maak deze woordenboek tot uw standaard woordenboek. Voeg de verschil-lende namen in de tekst toe aan dit woordenboek. U doet dit vanuit de tekst zelf.

Bekijk daarna de inhoud van het woordenboek. De naam *Demesmaeker* is foutief geschreven en moet *Demesmaecker* zijn. Verwijder de foutieve naam uit het woordenboek en voeg de juiste naam toe.

In het document geeft Word opnieuw aan dat *Demesmaeker* foutief is geschreven. Geeft hij de juiste naam als suggestie?

Zorg er tenslotte voor dat *Custom.dic* opnieuw uw standaard woordenboek is.

Bewaar het document als H05OEF05.DOC.

Oefening 6
Open het document H05OEF06s.DOC. Zorg ervoor dat de tekst als Engelse tekst wordt her-kend.

Stel in dat u in het taakvenster *Onderzoeken,* bij de naslagsites ook de *Encarta Encyclopedie: Engels (Groot-Brittannië)* doorzoekt.

Zoek naar referenties van *Institute of Astronomy* in alle naslagsites. Open één van de referen-ties. Het kan best zijn dat het item enkel toegankelijk is voor leden van MSN Encarta Premi-um. U kan deze service eventueel enkele maanden gratis uitproberen.

Oefening 7

Open een nieuw document. Typ de tekst: U voegt een 1/2 l melk toe. Wellicht verandert Word de tekst 1/2 in ½. Zoek de optie die hiervoor verantwoordelijk is. Test uit.

Oefening 8

Zoek op hoe u de volgende tekens gemakkelijk in een document kan plaatsen (via *AutoCorrectie-opties*).

TM

☺

⇔

Oefening 9

Open het document H05OEF09s.TXT (let op: extensie TXT). U merkt dat elke regel wordt afgebroken door een druk op de Enter-toets. Dit is een bestand in de vorm zoals u dikwijls e-mail-berichten krijgt. Laat Word dit bestand automatisch opmaken. Gebruik het type E-mail. Bewaar het resultaat als H05OEF09.DOC (als een Word-bestand dus!).

Oefening 10

Open het document H05OEF06s.DOC.

Word onderlijnt foutief gespelde woorden met een rood golflijntje. Bij een grammaticale fout krijgt u een groen golflijntje. U kan Word ook laten aangeven dat uw opmaak niet consistent is. Zoek de optie op. Word zal de inconsistente opmaak aangeven met een blauw golflijntje.

Ga in het document H05OEF06s.DOC na welke inconsistente opmaak voorkomt. Open een snelmenu en test de menukeuzen *Deze tekst consisten maken met...* en *Tekst met soortgeijke opmaak selecteren* uit.

6 Met een hoedje of een voetje

6.1 Inleiding

Een langer document is meestal voorzien van een bladzijdennummering. Word biedt u de mogelijkheid de bladzijden van een document automatisch te nummeren. Het nummeren van bladzijden is eigenlijk slechts een speciaal geval van het aanbrengen van een kop- of voettekst. Hierin kunnen we ook tekst en eventueel figuren inbrengen.

Indien u een lijst met items moet ingeven, kan u gebruik maken van een **opsommingsteken** of een bepaalde nummering. We spreken van een **lijst met opsommingstekens** of een **genummerde lijst**. We hebben de basisprincipes reeds in een eerder hoofdstuk aangehaald. U kunt een lijst aanpassen aan uw eigen wensen: een ander opsommingsteken gebruiken, ... U kunt ook meerdere niveaus inbouwen in lijsten.

In dit hoofdstuk gaan we eerst echter even in op het begrip van sjablonen en opmaakprofielen.

6.2 Opmaakprofielen en sjablonen

Een **opmaakprofiel** bevat een reeks instellingen m.b.t. de opmaak van een stukje tekst. U slaat de instellingen onder een bepaalde naam op. Indien u een ander stukje tekst dezelfde opmaak wenst te geven, hoeft u de afzonderlijke instellingen niet meer op te geven, maar kunt u het opmaakprofiel toepassen op dit stukje tekst. Indien u achteraf een instelling in het opmaakprofiel wenst te wijzigen, kan dit. Alle tekst die opgemaakt is in dit opmaakprofiel krijgt de nieuwe kenmerken. Dat maakt opmaakprofielen enorm krachtig!

Word maakt een onderscheid tussen een **teken-opmaakprofiel,** een **alinea-opmaakprofiel**, een **tabel-opmaakprofiel** en een **lijst-opmaakprofiel**.

Een teken-opmaakprofiel bevat enkel instellingen die u vanuit de dialoogvensters *Lettertype* en *Taal* kunt bereiken: het lettertype zelf, de tekenstijl, de tekengrootte, enz. In een alinea-opmaakprofiel kunt u naast deze mogelijkheden ook instellingen opgeven m.b.t. een alinea, tabulatorstops, nummering, enz. Een tabel-opmaakprofiel creëert een tabel met een specifieke opmaak. Een lijst-opmaakprofiel creëert een lijst met een bepaalde opmaak.

Een **sjabloon** is eigenlijk een basisdocument waarvan u vertrekt. Indien u Word start, krijgt u een document dat gebaseerd is op de sjabloon *Normal.dot*. In deze sjabloon staat geen tekst. Er zijn enkel opmaakcodes opgenomen. Word biedt u ook sjablonen waarin wel tekst voorkomt.

6.3 Het opmaakprofiel Standaard

Word biedt u een aantal opmaakprofielen aan. Indien u Word start, krijgt u een leeg document, gebaseerd op de sjabloon NORMAL.DOT. Het opmaakprofiel *Standaard* is actief. U merkt dit in de werkbalk *Opmaak*.

➢ Klik op de knop *Opmaakprofiel* in de werkbalk *Opmaak*.

Het kan best zijn dat u andere namen krijgt. Dat is afhankelijk van de opmaakprofielen die u gemaakt hebt en die u gebruikt hebt.

Het opmaakprofiel *Standaard* is het opmaakprofiel waarin uw basistekst komt. U begint met een nieuw document in Word. Als u tekst begint in te geven, gelden een aantal instellingen. Deze instellingen zijn bewaard in het opmaakprofiel *Standaard*.

We kunnen de instellingen van dit opmaakprofiel bekijken in het dialoogvenster *Opmaakprofiel*.

➢ Kies *Opmaak / Opmaakprofielen en opmaak*. U krijgt het taakvenster *Opmaakprofielen en opmaak*.

Indien u de muiswijzer op het opmaakprofiel *Standaard* plaatst, krijgt u een keuzelijst.

➢ Plaats de muiswijzer op het opmaakprofiel *Standaard*, open de keuzelijst en kies *Wijzigen*.

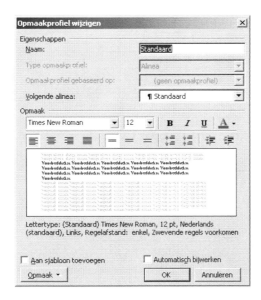

U krijgt onderaan - in het grote kader - een voorbeeld hoe het opmaakprofiel zich gedraagt t.o.v. de alinea's ervoor en erna. Onder het kader vindt u de instellingen m.b.t. dit opmaakprofiel. Deze instellingen kunnen gewijzigd worden en kunnen dus bij u anders zijn.

Instelling	Beschrijving
Lettertype: Times New Roman, 12 pt	Het lettertype waarmee u werkt is *Times New Roman* met een tekengrootte van 12 punten. Het kan zijn dat bij u een ander lettertype of een andere tekengrootte geselecteerd is.
Nederlands (standaard)	Word neemt aan dat u een document in het Nederlands opstelt. U kunt dit natuurlijk wijzigen m.b.v. de menukeuzen *Extra / Taal*.
Links	De tekst wordt standaard links uitgelijnd.
Regelafstand: enkel	Tussen twee regels hebben we een enkele regelafstand.
Zwevende regels voorkomen	Zwevende regels zijn regels van een paragraaf die alleen voorkomen op een bladzijde (onderaan of bovenaan). Dit kan voorkomen worden door de instelling *Zwevende regels voorkomen*.

In het dialoogvenster merkt u ook een aantal keuzelijsten en knoppen. U kan hiermee de instellingen van het opmaakprofiel wijzigen. De knop/keuzelijst *Opmaak* geeft u toegang tot meerdere mogelijkheden.

➢ Klik op de keuzelijst *Opmaak*.

➤ We sluiten het dialoogvenster. Klik *OK*.

Onderaan in het taakvenster *Opmaakprofielen en opmaak* ziet u een keuzelijst die de inhoud van het taakvenster bepaalt.

Keuze	Beschrijving
Beschikbare opmaak	U ziet alle opmaak die gebruikt is in het document. U ziet dus niet enkel de opmaakkenmerken die bewaard zijn als opmaakprofielen. Ook de standaard opmaakprofielen worden getoond.
Opmaak in gebruik	U ziet enkel de opmaakkenmerken en de opmaakprofielen die gebruikt worden in het huidige document.
Beschikbare opmaakprofielen	U ziet enkel opmaakprofielen. U ziet de standaard opmaakprofielen en de opmaakprofielen in het document.
Alle opmaakprofielen	U ziet alle beschikbare opmaakprofielen, of ze nu gebruikt zijn in het document of niet.
Aangepast	U kan zelf opgeven welke opmaakkenmerken en welke opmaakprofielen u wenst te zien.

We laten bv. alle opmaakprofielen zien die beschikbaar zijn.

➤ Kies *Alle opmaakprofielen* in de keuzelijst *Weergeven* als dit bij u niet geselecteerd is.

De opmaakprofielen die Word u toont, zijn afhankelijk van de sjabloon die u hebt gekozen voor het nieuwe document. Meestal gebruikt u de sjabloon NORMAL.DOT. Dit is de sjabloon die u ook verkrijgt bij het starten van het pakket.

U kan de verschillende typen opmaakprofielen (Alinea, Teken, Tabel, Lijst) herkennen aan het symbooltje dat achter de naam van het opmaakprofiel staat.

➤ Sluit het taakvenster.

U kan het taakvenster ook openen m.b.v. de knop *Opmaakprofielen en opmaak* helemaal links in de werkbalk *Opmaak*.

6.4 Opmaakprofielen toepassen

6.4.1 Opmaakprofielen toepassen op bestaande tekst

We vertrekken van het document H06VB01s.DOC dat u in de map *Word2003_1_Vbn* vindt.

➢ U opent het document H06VB01s.DOC.

Bovenaan hebben we de titel "Geschiedenisles". Word heeft ingebouwde opmaakprofielen om titels op te maken. We positioneren de invoegpositie voor of in de alinea (in dit geval een enkele regel) en passen het opmaakprofiel *Kop 1* toe.

➢ Positioneer de invoegpositie voor *Geschiedenisles*.
➢ Klik op de knop *Opmaakprofielen en opmaak* in de werkbalk *Opmaak*.
➢ Klik op het opmaakprofiel *Kop 1*.

U ziet het effect onmiddellijk in het document. U merkt dat de titel in een ander lettertype is gegeven, nl. in *Arial, 16 pt*. De opmaak is vet.

➢ Pas nu zelf het opmaakprofiel *Kop 2* toe op de titels "MS-DOS" en "MS-Windows". Selecteer voor de laatste titel het opmaakprofiel in de werkbalk *Opmaak*. Hiervoor gebruikt u de keuzelijst *Opmaakprofiel*.

U merkt dat deze titels in het lettertype *Arial, 14 pt* worden geplaatst. Bovendien is de opmaak vet en cursief.

6.4.2 Opmaakprofielen toepassen op nieuwe tekst

U kunt een opmaakprofiel ook toepassen op een nieuwe tekst. In dat geval kiest u eerst het opmaakprofiel en geeft u daarna de tekst in. We voegen bv. een titeltje toe aan het document H06VB01s.DOC.

➢ Druk op Ctrl+End om de invoegpositie achteraan het document te plaatsen.

➢ Kies het opmaakprofiel *Kop 2* uit de keuzelijst *Opmaakprofiel* in de werkbalk *Opmaak.* of in het taakvenster.

➢ Typ de tekst OS/2 en druk op de Enter-toets.

U merkt dat de tekst in het opmaakprofiel *Kop 2* wordt opgemaakt.

6.5   Meer over opmaakprofielen

U leert meer over sjablonen en opmaakprofielen in de cursus *Word 2003 2/3*. Hier hebben we enkel het begrip willen verduidelijken. U kan echter zelf opmaakprofielen aanmaken, bewerken, verwijderen, enz. U kan een sneltoets toekennen aan een opmaakprofiel. Indien u gebruik maakt van de opmaakprofielen *Kop 1, Kop 2*, enz. kan u gemakkelijk inhoudsopgaven creëren, …

➢ Bewaar het document als H06VB01.DOC.

6.6   Kop- en voetteksten

Het voorbeeld waarop we in eerste instantie werken is H06VB01.DOC. Het document bevindt zich nog in een documentvenster van Word.

Een **koptekst** (header) of **voettekst** (footer) wordt gebruikt voor mededelingen die op elke bladzijde bovenaan of onderaan moeten gedrukt worden. U geeft ze slechts één keer in. Een kop- of voettekst geldt normaal voor het ganse document. Het is in Word echter mogelijk verschillende kop- en/of voetteksten aan te brengen. Het document moet dan ingedeeld worden in **secties**.

Kop- en voetteksten kunnen samen voorkomen.

6.6.1   Voorbeeld

We zullen in het voorbeeld een voettekst definiëren.

➢ Klik op de toetsencombinatie Ctrl+Home om de invoegpositie bovenaan in het document te plaatsen.

➢ Kies *Beeld / Koptekst en voettekst*.

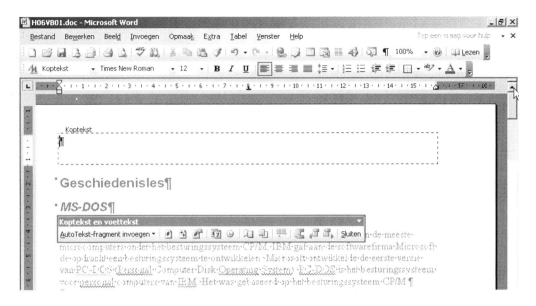

De tekst van het document wordt nu lichter weergegeven. U merkt bovenaan een kader met een stippellijn waarbinnen u de koptekst kan ingeven. U krijgt bovendien een nieuwe werkbalk ter beschikking: de werkbalk *Koptekst en voettekst*.

Indien u een kop- of voettekst aanmaakt, komt u automatisch terecht in de afdrukweergave. U merkt links een liniaal waarop u de positie van de koptekst kan aflezen (indien de optie *Liniaal* geselecteerd is). Kop- en voetteksten komen in Word in de boven- en ondermarge.

Bij de keuze *Beeld / Koptekst en voettekst* komen we automatisch bij een koptekst terecht. We willen echter een voettekst aanmaken. Voor de voettekst krijgen we een analoog kader onderaan het blad. We kunnen de invoegpositie naar de voettekst brengen door gebruik te maken van de rechter schuifbalken of door de toets PgDn enkele keren in te drukken. U kunt ook de pijltjestoetsen ↑ en ↓ gebruiken om te wisselen tussen kop- en voettekst.

U kan ook wisselen tussen kop- en voetteksten m.b.v. de knop *Koptekst of voettekst* in de nieuwe werkbalk.

➢ Klik op de knop *Koptekst of voettekst*.

U bevindt zich nu onderaan het document. We willen een voettekst aanbrengen die rechts uitgelijnd is met de tekst 'Geschiedenisles - blz. ', daarna de bladzijde en tenslotte het aantal bladzijden van het document.

➢ Klik op de knop *Rechts uitlijnen* in de werkbalk *Opmaak*.
➢ Typ de tekst Geschiedenisles - blz.
➢ Druk op <spatiebalk>

Om een bladzijdennummer in te voegen, klikken we op de knop *Paginanummer invoegen* in de werkbalk *Koptekst en voettekst*.

Het aantal bladzijden van een document, kunt u invoegen door te klikken op de knop *Aantal pagina's invoegen*.

➢ Klik op de knop *Paginanummer invoegen* in de werkbalk *Koptekst en voettekst*.

Vermits de invoegpositie gepositioneerd was op de eerste bladzijde, krijgt u nu het cijfer 1 in de voettekst. We willen nu nog het totaal aantal bladzijden waaruit het document bestaat, opnemen in de voettekst. We laten het aantal bladzijden voorafgaan door een schuine streep.

➢ Typ /
➢ Klik op de knop *Aantal pagina's invoegen*.

In de tekst wordt het cijfer 3 ingevoegd. Dat is het aantal bladzijden waaruit het document bestaat. We willen nog een lijntje boven de tekst.

➢ Klik op de knop *Bovenrand* in de werkbalk *Opmaak*. U mag natuurlijk ook de knop in de werkbalk *Tabellen en randen* gebruiken.

De voettekst is nu naar wens. We keren terug naar het document.

➢ Klik op de knop *Sluiten* in de werkbalk *Koptekst en voettekst*.

Indien we ons bevinden in de weergave *Normaal* zien we de voettekst niet. In de afdrukweergave worden de kop- en voetteksten lichtjes weergegeven.

➢ Kies *Beeld / Afdrukweergave*.
➢ Druk enkele malen op <PgDn> tot aan de onderkant van het blad.

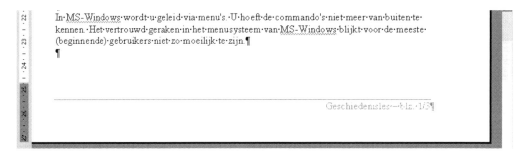

We gaan nader in op de andere mogelijkheden van kop- en voetteksten. We bespreken deze aan de hand van de verschillende knoppen op de werkbalk.

6.6.2 De werkbalk Koptekst en voettekst

We bespreken de verschillende mogelijkheden in de werkbalk *Koptekst en voettekst*.

AutoTekst-fragment invoegen ▾

De knop *AutoTekst-fragment invoegen* laat u toe om veel voorkomende velden in te voegen: auteur, bestandsnaam, enz.

De knop *Paginanummer invoegen* laat u toe om een bladzijdennummer op te nemen in de kop- of voettekst. Indien uw document uit verschillende secties bestaat, kunt u de nummering per document of per sectie laten verlopen. Secties komen wat verder in dit hoofdstuk aan bod.

Indien u klikt op de knop *Aantal pagina's invoegen* komt in de kop- of voettekst een veld dat het aantal bladzijden van het document aangeeft.

De knop *Paginanummer opmaken* laat u toe om de paginanummers van de huidige sectie op te maken.

De knop *Datum invoegen* laat u toe de actuele datum (systeemdatum van de computer) in te voegen in een kop- of voettekst.

De knop *Tijd invoegen* laat u toe de actuele tijd (systeemtijd van de computer) in te voegen in een kop- of voettekst.

De knop *Pagina-instelling* geeft u toegang tot de verschillende instellingen m.b.t. de indeling van pagina's. Hier kunt u bv. opgeven of u verschillende kop- of voetteksten wenst voor even en oneven bladzijden. Ook kunt u opgeven waar de kop- en voetteksten juist geplaatst moeten worden. We illustreren de werking in een volgend voorbeeld.

Indien u een kop- of voettekst bewerkt, is de tekst van het document lichtjes weergegeven op de achtergrond. De knop *Tekst weergeven/verbergen* zorgt ervoor dat de tekst verdwijnt. Indien de tekst niet zichtbaar is, zorgt de knop ervoor dat de tekst weer lichtjes weergegeven wordt

Indien u verschillende kop- of voetteksten in een document wenst aan te brengen, kan dit als u het document opdeelt in een aantal secties. Voor elke sectie kunt u dan een andere kop- of voettekst aanbrengen. De knop *Koppeling naar vorige* laat u toe om de kop- of voetteksten uit een bepaalde sectie te verbinden of te verbreken met de vorige sectie.

De knop *Koptekst of voettekst* wordt gebruikt om te wisselen tussen kopteksten en voetteksten. U kunt echter ook wisselen tussen koptekst en voettekst m.b.v. de schuifbalk rechts van het scherm, door een aantal keer op de toetsen PgDn of PgUp te drukken of de pijltjestoetsen ↑ en ↓.

U kunt verschillende kop- of voetteksten aanbrengen op de even en oneven pagina's. Dit wordt vaak gedaan in een boek. Indien u een document verdeelt in secties kan elke sectie een andere kop- en voettekst hebben. Met de knop *Vorige weergeven* verplaatst u de invoegpositie naar de vorige kop- of voettekst.

Met de knop *Volgende weergeven* verplaatst u de invoegpositie naar de volgende kop- of voettekst.

➢ Bewaar het document met de ingestelde voettekst opnieuw als H06VB01.DOC

6.7   Kop- en voetteksten bewerken

Indien u een kop- of voettekst wenst aan te passen, kiest u opnieuw voor *Beeld / Koptekst en voettekst* en u bewerkt de tekst.

In de afdrukweergave kunt u ook dubbelklikken op de kop- of voettekst. We illustreren dit.

> ➢ Kies *Beeld / Afdrukweergave.*
> ➢ Dubbelklik op de voettekst.

U komt opnieuw in het kader waarin u de voettekst hebt aangemaakt. We zullen de voettekst nu in het schuin plaatsen.

> ➢ Selecteer *Geschiedenisles - blz. 1/3*. Dat kan u het gemakkelijkst als u de muiswijzer vooraan in de marge plaatst.
> ➢ Druk op Ctrl+I of klik op de knop *Cursief* in de werkbalk *Opmaak.*
> ➢ Klik op de knop *Sluiten* in de werkbalk *Koptekst en voettekst.*
> ➢ Bewaar het document opnieuw als H06VB01.DOC.

6.8   Kop- en voetteksten verwijderen

Als u een kop- of voettekst wenst te verwijderen, kunt u de tekst in de kop- of voettekst selecteren en op de Delete-toets drukken.

> ➢ Kies *Beeld / Koptekst en voettekst.*
> ➢ Klik op de knop *Koptekst of voettekst* om de voettekst te selecteren.
> ➢ Selecteer de tekst *Geschiedenisles blz. 1/3.*
> ➢ Druk op <Delete>.
> ➢ Klik *Sluiten.*

6.9   Verschillende kop- of voetteksten

6.9.1   Even en oneven bladzijden

We zullen in het document H06VB01.DOC verschillende kopteksten aanbrengen voor de even en oneven bladzijden.

> ➢ Kies *Beeld / Koptekst en voettekst.*
> ➢ Klik op de knop *Pagina-instelling* in de werkbalk *Koptekst en voettekst.*
> ➢ Selecteer het tabblad *Indeling.*

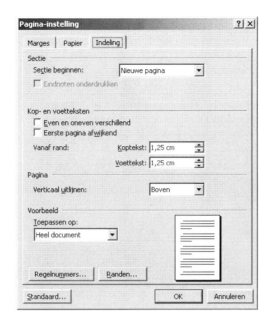

U merkt bij *Kop- en voetteksten* twee opties:

Even en oneven verschillend   Deze optie selecteert u indien u verschillende kop- of voetteksten wenst voor de even en oneven bladzijden.

Eerste pagina afwijkend   U selecteert deze optie indien u op de eerste bladzijde van een document (of sectie) een andere kop- of voettekst wenst. Dikwijls plaatst men bv. geen koptekst op de bladzijde waar een hoofdstuk begint.

➢ Selecteer *Even en oneven verschillend* en klik *OK*.

U komt terug in het document terecht. In het kader voor de koptekst merkt u nu de tekst 'Koptekst oneven pagina'. Een oneven pagina komt in een boek rechts. We zullen de koptekst daarom ook rechts uitlijnen.

➢ Klik op de knop *Rechts uitlijnen* in de werkbalk *Opmaak*.
➢ Typ de tekst `Algemene inleiding - blz.`
➢ Klik op de knop *Paginanummer invoegen* in de werkbalk *Koptekst en voettekst*.
➢ Selecteer de ganse koptekst en klik op de knop *Cursief* in de werkbalk *Opmaak*.

De koptekst voor de oneven pagina is klaar. We wensen nu naar de koptekst van de even pagina te gaan.

➢ Klik op de knop *Volgende weergeven* in de werkbalk *Koptekst en voettekst*.

We komen nu bij de koptekst voor de even pagina's. In het kader ziet u de vermelding 'Koptekst even pagina'. De koptekst moet links uitgelijnd zijn.

➢ Typ `blz.`
➢ Klik op de knop *Paginanummer invoegen* in de werkbalk *Koptekst en voettekst*.

- ➤ Typ de tekst – MS-Windows 3.1 voor beginners
- ➤ Selecteer de ganse koptekst en klik op *Cursief* in de werkbalk *Opmaak*.
- ➤ Indien we nogmaals op de knop *Volgende weergeven* klikken, gebeurt er niets. Er is immers geen volgende meer. Klik op *Volgende weergeven* in de werkbalk *Koptekst en voettekst*.
- ➤ We kunnen wel terug naar de vorige koptekst. Klik op *Vorige weergeven* in de werkbalk *Koptekst en voettekst*.
- ➤ We komen terug bij het kader voor de oneven bladzijden. We keren terug naar het document. Klik op *Sluiten*.
- ➤ Bekijk het resultaat, zowel voor de oneven als even bladzijden, in het afdrukvoorbeeld.

6.9.2 Secties

Indien uw document uit meerdere hoofdstukken bestaat, kan u elk hoofdstuk een andere kop- of voettekst geven. Als u verschillende kop- en voetteksten wenst aan te brengen in één document, moet u dit document in **secties** verdelen. Dat geldt trouwens ook als u bv. in één document verschillende marges aanbrengt.

Secties kunt u zelf aanbrengen met de menukeuzen *Invoegen / Eindemarkering* maar worden soms ook door Word ingevoegd. In de weergave *Normaal* ziet u het einde van een sectie aangeduid door een stippellijn met de tekst 'Einde sectie' (indien de knop *Weergeven/Verbergen* is geselecteerd).

We brengen in de tekst een nieuwe sectie aan voor het titeltje 'MS-Windows'.

- ➤ Positioneer vooraan op de regel voor de kop *MS-Windows*.
- ➤ Kies *Invoegen / Eindemarkering*.

Bovenaan merkt u dat u met deze menukeuze ook een pagina-einde kan invoegen. We hebben reeds eerder gezien dat we dit sneller kunnen verwezenlijken met de toetsencombinatie Ctrl+Enter. Ook een kolomeinde kunnen we invoegen via dit dialoogvenster. We komen later, in het tweede deel, terug op kolommen.

In het gedeelte *Type sectie-einde* merken we verschillende soorten. Bij kolommen plaatst Word bv. automatisch een eindemarkering van het type *Doorlopend*. Indien we een sectie op een andere bladzijde laten beginnen, kiezen we voor *Volgende pagina*.

- ➤ Selecteer *Volgende pagina* en klik op *OK*.

Onderaan in de statusregel merken we dat Word aangeeft dat we ons in de tweede sectie bevinden: *Se 2*. De aanduiding voor het einde van de sectie, staat net hiervoor.

➢ Kies *Beeld / Normaal*.
➢ Verwijder de eerste regel van de tweede sectie.

U merkt nu op het scherm een dubbele puntjeslijn met de tekst 'Sectie-einde (volgende pagina)'.

6.9.3   Kop- en voetteksten per sectie

Normaal geldt een kop- en voettekst voor het ganse document. Indien uw document opgedeeld is in secties, kunt u ook een kop- en voettekst per sectie definiëren.

➢ Positioneer de invoegpositie voor de M van *MS-Windows*.
➢ Kies *Beeld / Koptekst en voettekst*.

U komt in het kader terecht waarin u de koptekst kunt ingeven. U merkt bovenaan de tekst 'Koptekst even pagina (Sectie 2)'. Rechts van het kader staat de tekst 'Zelfde als vorige'. Dit betekent dat de koptekst die u hier ziet dezelfde is als in de vorige sectie. We koppelen deze koptekst nu los van de vorige sectie.

➢ Klik op de knop *Koppeling naar vorige* in de werkbalk *Koptekst en voettekst*.

De tekst 'Zelfde als vorige' verdwijnt nu. U kunt nu een nieuwe koptekst ingeven. Deze geldt dan voor deze en volgende secties. Indien u toch besluit om dezelfde koptekst te houden, kunt u de verbinding terug tot stand brengen:

➢ Klik *Koppeling naar Vorige* in de werkbalk *Koptekst en voettekst*.

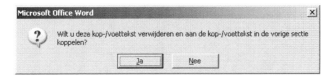

➢ Klik *Ja*

We positioneren ons op de volgende koptekst.

➢ Klik op *Volgende weergeven* in de werkbalk *Koptekst en voettekst*.

U komt nu bij de koptekst 'Koptekst oneven pagina (Sectie 2)'. We koppelen deze los van de vorige sectie en wijzigen de inhoud van de koptekst.

- ➢ Klik *Koppeling naar vorige* in de werkbalk *Koptekst en voettekst*.
- ➢ Wijzig de tekst in `Over MS-Windows`. Het bladzijdennummer behoudt u.
- ➢ Klik *Sluiten*.
- ➢ Bekijk nu het resultaat in de afdrukweergave. Kijk naar de verschillende kopteksten voor de oneven pagina's.
- ➢ Verwijder nu de verschillende kopteksten uit het document.

6.9.4 Verwijderen van een sectie

U kunt een sectie verwijderen. Daartoe positioneert u de invoegpositie net voor de dubbele streepjeslijn en drukt u op de Delete-toets. U merkt de dubbele streepjeslijn enkel indien u in normale weergave bent.

- ➢ Kies *Beeld / Normaal*.
- ➢ Positioneer de invoegpositie voor het einde van de sectie en druk op <Delete>.

De tekst die hoort bij 'MS-Windows' komt nu ook terug op dezelfde bladzijde terecht.

6.10 Kop- en voetteksten positioneren

Tot nu toe hebben we gebruik gemaakt van de standaardinstellingen van Word m.b.t. de positie van de kop- en voetteksten. Word plaatst de boven- en ondermarge van een blad op 2,5 cm. De kop- en voetteksten komen in deze marges. Zij staan standaard ingesteld op 1,25 cm. We kunnen deze instelling als volgt wijzigen.

- ➢ Kies *Bestand / Pagina-instelling* en selecteer het tabblad *Indeling*.

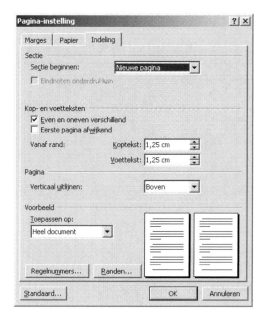

Ongeveer in het midden merkt u de instellingen voor kop- en voetteksten. Kop- en voetteksten komen standaard op 1,25 cm van de boven- en onderrand van het blad. U kunt hier de instellingen voor de kop- en voetteksten wijzigen. Wij doen dat hier niet.

➢ Klik op *Annuleren*.

6.11 Bladzijdennummering

Indien u een kop- of voettekst definieert, kunt u hierbij een bladzijdennummer toevoegen. Dat is in Word veruit de gemakkelijkste oplossing. Indien u enkel geïnteresseerd bent in het nummeren van de bladzijden, kunt u dit ook op een andere manier. Word zal het bladzijdennummer echter ook in een kop- of voettekst plaatsen. We werken verder met het document H06VB01.DOC. We zorgen er eerst voor dat we in de afdrukweergave werken.

➢ Kies *Beeld / Afdrukweergave*.
➢ Kies *Invoegen / Paginanummers*.

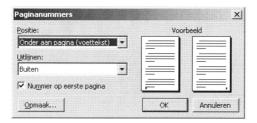

We zullen een bladzijdennummer onderaan in het midden toevoegen. Bij *Positie* kiest u dus voor *Onderaan pagina* en bij *Uitlijnen* kiest u voor *Centreren*.

➢ Selecteer *Onder aan pagina (voettekst)* in de keuzelijst *Positie*.
➢ Selecteer *Centreren* in de keuzelijst *Uitlijnen*.

Met de knop *Opmaak* kunt u eventueel een andere manier van nummeren selecteren. Standaard nummert Word echter de documenten met 1, 2, 3, enz... Indien u een document wenst te nummeren vanaf bladzijde 2 kunt u dit hier ook aangeven.

Bij *Nummer op eerste pagina* kunt u opgeven of u ook een bladzijdennummer wenst op de eerste bladzijde van het document.

➢ Selecteer *Nummer op eerste pagina* en klik op *OK*.
➢ Bekijk nu zelf het resultaat. Doorloop de tekst m.b.v. de toets PgDn.

U merkt dat de nummering als voettekst is opgenomen en zo ook wordt weergegeven. Word plaatst in een kop- of voettekst een veld dat het nummer van de bladzijde opgeeft. U kunt een bladzijdennummering verwijderen zoals u een kop- of voettekst verwijdert.

➢ Sluit het document zonder het te bewaren.

6.12 Lijst met opsommingstekens

6.12.1 Een lijst maken

U vindt in bijlage het document H06VB02.DOC waarin gebruik gemaakt is van opsommings-tekens. We maken het eerste deel van het document.

➢ Typ eerst de tekst tot aan het eerste opsommingsteken.

Indien u een lijst met opsommingstekens wenst te maken, kunt u eerst de volledige tekst typen en achteraf de opsommingstekens toevoegen. U kunt de opsommingstekens ook onmiddellijk invoeren. We illustreren dit. De invoegpositie staat in het begin van een nieuwe regel.

➢ Kies *Opmaak / Opsommingstekens en nummering* en selecteer het tabblad *Opsommingstekens*.

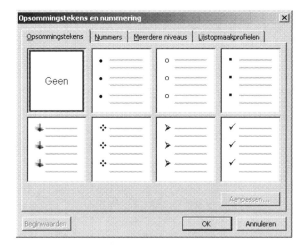

U kiest de gewenste opmaak, bv. het vierde model, met het vierkantje als opsommingsteken.

➢ Selecteer het vierde model en klik op *OK*.

U krijgt het opsommingsteken ■ vooraan in de regel. U typt nu de verschillende punten van de lijst in. Telkens als u op de Enter-toets drukt, krijgt u een nieuw opsommingsteken. Word springt de opsommingstekens iets in.

➢ Doe!

6.12.2 De lijst beëindigen

Indien u de lijst met opsommingstekens wenst te beëindigen, klikt u op de knop *Opsommings-tekens* als u op een nieuwe lijn staat. U kunt deze knop ook gebruiken om een lijst met op-sommingstekens te maken. Word gebruikt in dit geval het opsommingsteken dat u het laatst hebt geselecteerd in het dialoogvenster *Opsommingstekens en nummering*.

➢ Klik op de knop *Opsommingstekens* in de werkbalk *Opmaak* om het laatste opsommingsteken te verwijderen. U kunt ook gewoon op de Backspace-toets drukken of nogmaals op de Enter-toets drukken.

6.12.3 Het snelmenu

U kunt ook een snelmenu openen om een lijst met opsommingstekens te creëren en te beëindigen.

We maken het tweede deel van het voorbeeld H06VB02.DOC.

➢ Typ eerst de tekst tot aan het opsommingsteken en positioneer de invoegpositie op een nieuwe regel.

Om de lijst met opsommingstekens te plaatsen, gaan we als volgt tewerk:

➢ Klik rechts op een nieuwe regel.
➢ Kies *Opsommingstekens en nummering* en selecteer het tabblad *Opsommingstekens*.

6.12.4 Opsommingsteken wijzigen

We wensen een ander symbool te gebruiken.

➢ Selecteer een bepaald type, bv. het 8ste type.
➢ Klik *Aanpassen.*

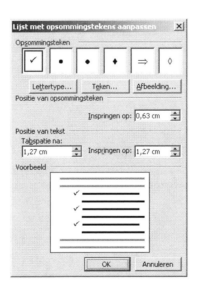

➢ Om een ander opsommingsteken te selecteren, klikt u op de knop *Teken.*

U krijgt een lijst met symbolen. In het tekstvak bovenaan kunt u het lettertype opgeven. Wellicht is dit *Symbol* of *Wingdings*. U kunt evenwel een ander lettertype ingeven. Indien we een teken - dat niet op het toetsenbord staat - wensen in te voegen in de tekst, gebruiken we ook dit dialoogvenster.

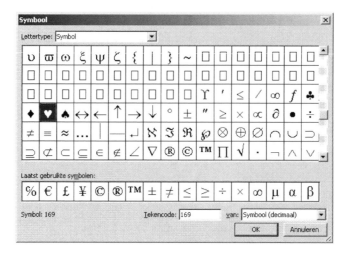

U selecteert nu het gewenste symbool.

➤ Selecteer het lettertype *Symbol* in de keuzelijst bovenaan.
➤ Selecteer bv. het hartje (lief als wij zijn) en klik op *OK*.

U komt terug in het dialoogvenster *Lijst met opsommingstekens aanpassen*. Het hartje staat nu eerst in de lijst met opsommingstekens. We bespreken de overige mogelijkheden in het dialoogvenster.

Lettertype	Met de knop *Lettertype* kunt u het lettertype, de tekenstijl en de tekengrootte instellen. Ook de kleur, de onderstrepingsstijl, de effecten, … kan u instellen.
Positie van opsom-mingsteken	U geeft hier de afstand in van het opsommingsteken t.o.v. de kantlijn.
Positie van tekst	U geeft hier de positie van de tekst in (eerste lijn van de opsomming en volgende lijnen).

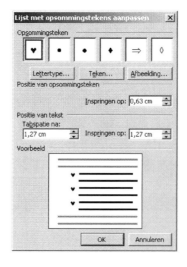

- ➤ Vul de gegevens aan zoals in het bovenstaande scherm is te zien. Klik op *OK*
- ➤ Geef nu de verschillende items van de lijst in.
- ➤ Druk twee keer op de Backspace-toets als u een opsommingsteken te veel hebt.

6.12.5 Een alinea zonder opsommingsteken tussenvoegen

U kunt een alinea zonder opsommingsteken tussenvoegen door op de knop *Opsommingsteken* te klikken. We illustreren dit met het derde deel in H06VB02.DOC. U kopieert hiertoe het eerste deel van de tekst en u drukt in het eerste item van de lijst op de Enter-toets na de eerste zin.

- ➤ Doe!

```
De·voornaamste·tekstverwerkingspakketten·onder·Windows·zijn:¶
¶
   ■→ Word·van·de·firma·Microsoft.·¶
   ■→ Het·meest·gebruikte·tekstverwerkingspakket·onder·Windows·is·ongetwijfeld·Microsoft
       Word.·Het·maakt·deel·uit·van·de·bundel·Microsoft·Office.¶
   ■→ WordPerfect·van·de·firma·Corel.·WordPerfect·was·het·meest·gebruikte·
       tekstverwerkingspakket·onder·MS-DOS.·Het·heeft·echter·zijn·populariteit·verloren·
       met·de·versies·onder·Windows.·WordPerfect·maakt·deel·uit·van·de·bundel·
       WordPerfect·Office·Suite.¶
   ■→ Word·Pro·van·de·firma·Lotus.·Het·pakket·is·duidelijk·minder·krachtig·dan·de·twee·
       andere·pakketten.·Het·maakt·deel·uit·van·de·bundel·Lotus·SmartSuite.¶
```

We verwijderen het overtollige opsommingsteken.

- ➤ Positioneer de invoegpositie in regel 'Het meest gebruikte…'
- ➤ Klik op de knop *Opsommingstekens* in de werkbalk.

Het opsommingsteken is verdwenen. De tekst is evenwel ook niet meer ingesprongen.

- ➤ Zorg ervoor dat de regel opnieuw is ingesprongen. Maak gebruik van de pictogrammen op de liniaal of van de knop *Inspringing vergroten*.

Deze manier van werken is niet echt praktisch. U krijgt hetzelfde effect indien u op het einde van de regels op Shift+Enter drukt i.p.v. op de Enter-toets. Met de toetsencombinatie Shift+Enter neemt u wel een volgende regel maar eigenlijk geen nieuwe alinea

- ➤ Positioneer de invoegpositie voor 'WordPerfect was het meest…'
- ➤ Druk op Shift+Enter.

U merkt dat de tekst nu wel ingesprongen blijft. Vermits het geen nieuwe alinea is, wordt ook geen nieuw opsommingsteken ingevoegd.

- ➤ Pas dezelfde techniek toe bij het derde opsommingsteken.
- ➤ Bewaar het resultaat als H06VB02.DOC.

6.13 Genummerde lijsten

6.13.1 Aanmaken van een genummerde lijst

Het maken van een genummerde lijst verloopt analoog aan het maken van een lijst met opsommingstekens. We vertrekken van het voorbeeld H06VB02.DOC. U kunt nl. ook lijsten die reeds aangemaakt zijn, wijzigen. We selecteren de tekst met de drie items uit het eerste deel.

- ➢ Selecteer de eerste drie items.
- ➢ Klik rechts in het geselecteerde gebied.
- ➢ Kies *Opsommingstekens en nummering* en selecteer het tabblad *Nummers*.

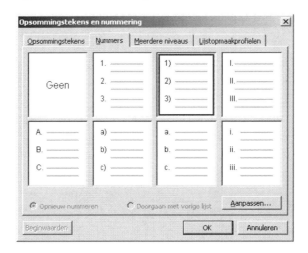

- ➢ Selecteer het 3de model en klik op *OK*.

Onmiddellijk is de lijst aangepast. U vindt het resultaat in H06VB03.DOC in bijlage.

In plaats van het dialoogvenster *Opsommingstekens en nummering* op te roepen, kunt u ook gebruik maken van de knop *Nummering* in de werkbalk. U gebruikt in dit geval de laatste nummering die is toegepast.

6.13.2 Het wijzigen van de nummering

We zullen een eigen stijl van nummering toepassen op het tweede deel van de tekst van H06VB02.DOC.

- ➢ Selecteer de 3 items van het 2de deel.
- ➢ Kies *Opmaak / Opsommingstekens en nummering* en selecteer het tabblad *Nummers*.
- ➢ Selecteer een nummering, bv. het 8ste type en klik *Aanpassen*.

> ➢ Selecteer *a,b,c,...* bij *Stijl*.
> ➢ Klik *OK*.

U merkt het resultaat in het tweede deel van H06VB03.DOC.

6.13.3 Nummering overslaan

Net als bij een lijst met opsommingstekens, kunt u hier alinea's invoegen zonder een nummering. U gaat op precies dezelfde manier tewerk als bij een lijst met opsommingstekens .

> ➢ Selecteer de items van het derde deel en klik rechts in de selectie.
> ➢ Kies *Opsommingstekens en nummering* en selecteer het tabblad *Nummers*.
> ➢ Selecteer het 3de model en klik op *OK*.

U merkt dat ook de regel 'Het meest gebruikte...' een nummer gekregen heeft. We verwijderen de nummering voor 'Het meest gebruikte...'.

> ➢ Positioneer de invoegpositie in de regel ' Het meest gebruikte ...'
> ➢ Klik *Nummering* in de werkbalk *Opmaak*.
> ➢ Pas de inspringing van de tekst opnieuw aan. Dat kan bv. m.b.v. de toetsencombinatie Ctrl+M.
> ➢ Bewaar het document als H06VB03.DOC. Sluit het document.

We merken op dat voor de regels *WordPerfect was het...* en *Het pakket is...* geen nummer is gekomen. Door drukken op de toetsencombinatie Shift+Enter hebben we eigenlijk geen nieuwe alinea gecreëerd, enkel een nieuwe regel. Word plaatst slechts een nummer voor elke alinea.

6.14 Meerdere niveaus

6.14.1 Voorbeeld met twee niveaus

In H06VB04.DOC (zie bijlage) merkt u een lijst waarin twee niveaus zijn aangebracht. Het eerste niveau is een genummerde lijst; het tweede niveau een lijst met opsommingstekens. We geven aan hoe we deze lijst creëren.

➢ Typ de eerste regel van de tekst "De meest gekende ..."

➢ Klik op de rechter muisknop op een nieuwe regel en kies *Opsommingstekens en nummering*. Selecteer het tabblad *Meerdere niveaus*.

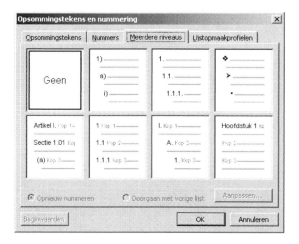

We kiezen voor het tweede type. We wijzigen dit type eventueel.

➢ Selecteer het 2de model.

➢ Klik op de knop *Aanpassen*.

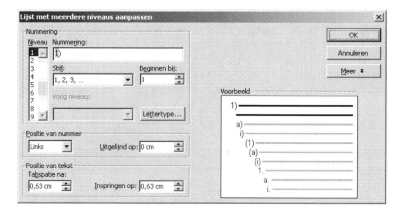

De meeste opties kennen we reeds. Links bovenaan in het dialoogvenster kunnen we het niveau aangeven. Indien u het dialoogvenster opent, krijgt u hier *Niveau 1*. We maken de afstand van de inspringing tot de tekst kleiner.

➢ Typ 0,5 bij *Positie van tekst – Inspringen op.*

We passen deze afstand ook aan voor het tweede niveau.

- ➤ Selecteer *Niveau 2* in de keuzelijst.
- ➤ Kies het juiste teken bij *Stijl*, nl. het symbool ●.
- ➤ Selecteer *0,5 cm* bij *Positie van opsommingsteken – Uitgelijnd op*.
- ➤ Selecteer *1,5 cm* bij *Positie van tekst – Inspringen op*.
- ➤ Klik *OK*.

U geeft nu de lijst in. Word plaatst reeds een *1)* voor de alinea.

- ➤ Typ `Tekstverwerkingspakketten` en druk op de Enter-toets.

Word plaatst een *2)* voor de volgende alinea. We wensen echter in te springen.

- ➤ Klik *Inspringing vergroten* in de werkbalk *Opmaak*.

U krijgt nu het geselecteerde opsommingsteken.

- ➤ Maak nu de lijst verder af (zie bijlage, zonder de extra regel tussen de items 1, 2 en 3). Om terug naar een vorig niveau te springen, klikt u op de knop *Inspringing verkleinen* die u in de werkbalk vindt.
- ➤ Om de nummering te stoppen, klikt u op de knop *Nummering* in de werkbalk *Opmaak*.

Om een niveau verder in te springen of terug te springen, kunt u ook gebruik maken van de Tab-toets en de toetsencombinatie Shift+Tab.

- ➤ Bewaar het document als H06VB04.DOC.

6.14.2 Extra ruimte tussen de opsommingen

Indien u een lege regel tussen de genummerde items wenst, kan dit als volgt.

- ➤ Positioneer de invoegpositie na Word Pro en druk op ↵.
- ➤ Word plaatst een opsommingsteken. U kunt dit verwijderen door op de knop *Opsommingstekens* te klikken in de werkbalk *Opmaak*. U kan ook gewoon op de Backspace-toets drukken.

U krijgt nu een lege regel voor het tweede nummer.

- ➤ Plaats ook een lege lijn voor de opsomming van spreadsheets.
- ➤ Bewaar het document opnieuw als H06VB04.DOC. Sluit het document.

6.15 Oefeningen

Oefening 1

U opent het document H06OEF01s.DOC in de map Word2003_1_Vbn. Breng de koptekst "The year of investing dangerously - 3de editie" aan. Zorg ervoor dat deze gecentreerd is. U stelt de taal van het eerste gedeelte van de koptekst in op *Engels (Groot-Brittannië)*. Bewaar het resultaat als H06OEF01.DOC.

Oefening 2

Open het bestand H06VB01s.DOC. U geeft een koptekst in met rechts uitgelijnd de naam van het bestand in het schuin afgedrukt (op de manier zoals wij voor elk voorbeeld doen - zie bijlage). De koptekst mag echter niet voorkomen op het eerste blad. De voettekst *Geschiedenisles blz. x* moet echter op elk blad komen. De voettekst is rechts uitgelijnd en cursief. Boven de voettekst is een horizontale lijn voorzien.

U moet de marges van het document en de positie van de kop- en voetteksten aanpassen. Als boven- en ondermarge neemt u 3 cm. De kop- en voetteksten komen op 2 cm van de rand van het blad. Het resultaat bewaart u als H06OEF02.DOC.

Oefening 3

In bijlage vindt u de brief H06OEF03.DOC. U zorgt ervoor dat de nummering in het midden van de brief start vanaf 2 en dat de ruimte tussen de regels bij de opsomming groter is.

Oefening 4

We hebben in een vorig hoofdstuk gezien dat u tabstops kan plaatsen m.b.v. de liniaal. U kan ook de marges van het blad instellen m.b.v. de liniaal. U plaatst hiervoor de muiswijzer op de overgang tussen het donker en licht gedeelte van de liniaal (links en rechts, boven en onder). De muiswijzer verandert in een dubbele pijl. U kan door te slepen de marges verkleinen of vergroten. U kan de marges het eenvoudigst wijzigen als u het afdrukvoorbeeld toont. Probeer dit uit op het voorbeeld H06VB01s.DOC.

Oefening 5

Maak het onderstaande document aan. Voor de nummering is een lijst met nummering gebruikt. Indien u tussen de verschillende nummeringen tekst wil typen, kan dat. Indien u de nummering terug wil starten, kiest u in het dialoogvenster *Opsommingstekens en nummering* de juiste nummering en selecteert u *Doorgaan met vorige lijst.*

```
1.→Punt·1¶
Dit·is·punt·1.¶
¶
2.→Punt·2¶
Dit·is·punt·2.¶
¶
        ▓→Opsommingspunt·1¶
        ▓→Opsommingspunt·2¶
        ▓→Opsommingspunt·3¶
```

In het dialoogvenster *Opsommingstekens en nummering*, tabblad *Opsommingstekens* kan u ook een figuur kiezen als opsommingsteken. U maakt hiervan gebruik. Bewaar het document als H06OEF05.DOC.

Oefening 6

Indien u een koptekst of voettekst maakt, gebruikt Word hiervoor ook een opmaakprofiel. Ga na welke en bekijk de opmaakkenmerken in deze opmaakprofielen.

Oefening 7

Maak een document van twee bladzijden. Typ op elke bladzijde enkele regels tekst. De eerste bladzijde moet staand (portrait modus) worden afgedrukt, de tweede bladzijde moet liggend worden afgedrukt (landscape modus). Hoe realiseert u dit? Test uit. Bewaar het resultaat als H06OEF07.DOC.

---

7 Mee op het plaatje

7.1 Inleiding

Een plaatje zegt meer dan duizend woorden... een uitspraak die men vaak hoort in middens waar teksten gecreëerd worden. We kunnen in een document van Word afbeeldingen plaatsen.

De afbeeldingen die u in een document opneemt, kunnen komen van diverse tekenpakketten. Bij het pakket Word worden ook een aantal afbeeldingen meegeleverd. Microsoft biedt u op het internet nog heel wat bijkomende afbeeldingen aan.

De plaats en de grootte van de afbeeldingen kunt u vrij bepalen. Ook kunt u een kader rond een afbeelding plaatsen.

Bij afbeeldingen maken we onderscheid tussen afbeeldingen die **vectorgeoriënteerd** zijn en anderzijds **bitmapafbeeldingen**.

Bij vectorgeoriënteerde afbeeldingen wordt de manier waarop de afbeelding is samengesteld bijgehouden (bv. een cirkel wordt bewaard door het middelpunt en de straal te bewaren). Dit type van afbeeldingen kan u gemakkelijk verkleinen of vergroten zonder dat er een vervorming optreedt. Bestanden van het type WMF (Windows Metafile), CGM (Computer Graphics Metafile), CDR (CorelDraw) zijn bv. vectorgeoriënteerd.

Bitmaps worden in de vorm van punten bewaard. Indien u ze verkleint of vergroot, krijgt u een minder goed beeld. Zij kunnen echter veel meer kleuren bevatten. Zij worden dan meestal gebruikt voor foto's en achtergronden. Een bestand is meestal groter dan een bestand met een vectorgeoriënteerde afbeelding. Bestanden van het type BMP (Windows bitmap), GIF (Graphics Interchange Format) en JPG (Joint Photographic Experts Group) zijn de meest gebruikte bitmap-types. Op het internet worden vooral de types GIF en JPG gebruikt.

7.2 Een afbeelding invoegen

7.2.1 Een afbeelding invoegen

Indien u het pakket *Microsoft Office* volledig hebt geïnstalleerd, hebt u een aantal afbeeldingen op uw harde schijf staan. De afbeelding COFFEETIM.WPG die we wensen in te lezen, vindt u in de map Word2003_1_Vbn. We vertrekken vanuit het document H07VB1s.DOC. U hebt een gelijkaardig document eerder aangemaakt.

➢ Open het document H07VB01s.DOC in de map Word2003_1_Vbn.

We plaatsen de invoegpositie bovenaan links. We wensen een afbeelding in te voegen voor de titel.

➢ Kies *Invoegen / Afbeelding*.

We krijgen een submenu met de volgende mogelijkheden:

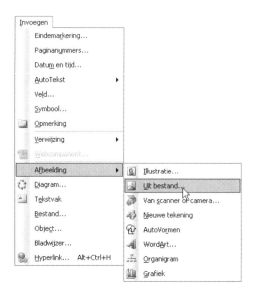

We verklaren de verschillende menukeuzen.

Illustratie	Word start *Microsoft Mediagalerie*. Dit is een programma van Office waarin heel wat afbeeldingen zijn opgenomen. De afbeeldingen zijn gegroepeerd in diverse categorieën.
Uit bestand	U kunt een willekeurige afbeelding die als bestand is opgeslagen, inlezen.
Van scanner of camera	Indien u een scanner of camera bezit, kunt u een foto inladen. De scanner of camera moet gebruik maken van de TWAIN-standaard.
Nieuwe tekening	U krijgt een kader waarin u zelf een nieuwe tekening kan maken.
AutoVormen	Word biedt u een aantal speciale vormen: pijlen, tekstballonnen, enz.
WordArt	Word start *Microsoft WordArt* op, een programma om tekst op een speciale manier op te maken.
Organigram	Word biedt u een hulpprogramma om organogrammen te tekenen.
Grafiek	U maakt een grafiek door *Microsoft Graph* te starten.

➢ Kies *Uit Bestand*.

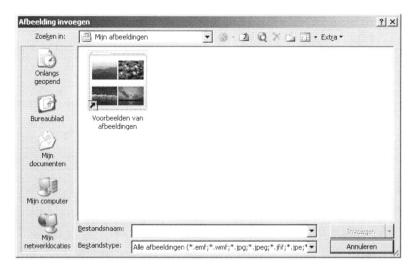

In het dialoogvenster *Afbeelding invoegen* komt u wellicht terecht in de map *Mijn afbeeldingen*. Dat is de map die Windows standaard voorziet voor het bewaren van afbeeldingen. U krijgt standaard een weergave in miniaturen.

Wij wensen een afbeelding in te voegen die zich bevindt in de map Word2003_1_Vbn. Het is een afbeelding in WPG-formaat (WordPerfect Graphics). Afbeeldingen kunnen in verschillende formaten zijn opgeslagen op schijf. De extensie geeft normaal dit formaat aan. In de keuzelijst *Bestandstypen* kunt u nagaan welke formaten Word kan inlezen.

De afbeelding die wij willen invoegen is COFEETIM.WPG. U selecteert de map door er op te dubbelklikken.

➢ Selecteer de map *Word2003_1_Vbn*.
➢ Selecteer het bestand COFEETIM.WPG.

Word toont u wellicht niet de inhoud van de afbeelding in het voorbeeld. Vermits de afbeelding een formaat heeft dat Word normaal niet gebruikt, moet hij het eerst converteren. Dat gebeurt bij het invoegen van de afbeelding.

Rechts onderaan hebt u een keuzelijst waarin standaard *Invoegen* is geselecteerd. Indien u klikt op de knop voegt u de afbeelding in het document. De keuzelijst biedt u ook de mogelijkheid om enkel een verwijzing (link) te leggen naar het bestand waarin de afbeelding is opgenomen. U kiest in dat geval voor *Koppelen aan bestand*. De afbeelding wordt in dat geval niet opgenomen in het document. De grootte van het document blijft kleiner. Indien u het bestand met de afbeelding verwijdert, kan u ze echter niet meer tonen in het Word-document. U kan ook kiezen voor de optie *Invoegen en koppelen*. In dat geval voegt u de afbeelding in, maar creëert u toch een koppeling. Als de afbeelding later wijzigt, kunnen de wijzigingen ook in Word worden getoond.

➢ Klik *Invoegen* om de afbeelding in het Word-document te laden.

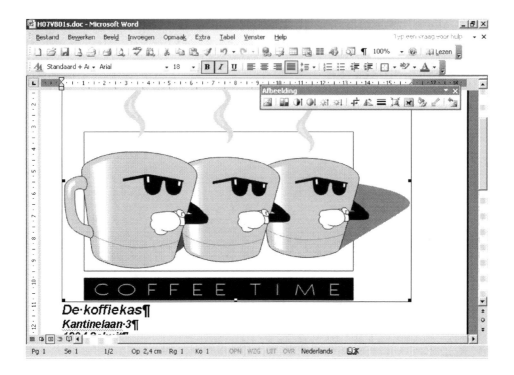

7.2.2 Selecteren van een afbeelding

De afbeelding is nu ingevoegd in uw document. Ze neemt in dit geval de ganse breedte van het document in beslag. We willen de afbeelding verkleinen. Daartoe moeten we ze eerst selecteren. We selecteren de afbeelding door erop te klikken. De afbeelding krijgt dan een kader met 8 **formaatgrepen**.

➢ Selecteer de afbeelding door op de afbeelding te klikken.

U krijgt wellicht ook een werkbalk *Afbeelding* ter beschikking.

➢ Indien u de werkbalk *Afbeelding* niet verkrijgt, klikt u rechts op de afbeelding en kiest u voor *Werkbalk Afbeelding weergeven*.

7.2.3 Verkleinen of vergroten van een afbeelding

Als we de muiswijzer op een formaatgreep plaatsen, verandert de muiswijzer in een dubbele pijl. We kunnen de afbeelding verkleinen of vergroten door te slepen. Indien u een hoekpunt versleept, blijft de verhouding tussen breedte en hoogte constant; indien u een formaatgreep versleept die zich niet op een hoekpunt bevindt, wordt de afbeelding vervormd.

➢ Verklein de afbeelding door een formaatgreep van een hoekpunt te verslepen. Maak de afbeelding zo klein dat ze nog ongeveer 1/3 van de breedte inneemt.

Indien u een afbeelding invoegt, wordt deze standaard ingevoegd op de plaats van de invoeg-positie. In dit geval komt de afbeelding dus net voor de letter *D* van *De koffiekas*. Een afbeelding wordt standaard *in lijn met de tekst* ingevoegd. Dat betekent dat de afbeelding zich ge-draagt zoals tekst. We geven de andere mogelijkheden ook nog aan.

7.2.4 Verplaatsen van de afbeelding

U kan de afbeelding ook verplaatsen door ze naar een andere positie te slepen.

➤ Probeer dit even uit en herstel de oorspronkelijke situatie door op de knop *Ongedaan maken* te klikken.

7.2.5 Deselecteren van een afbeelding

Een afbeelding deselecteren doen we zoals steeds.

➤ Klik buiten de afbeelding in het document.

7.3 Het dialoogvenster *Afbeelding opmaken*

De knop *Afbeelding opmaken* in de werkbalk *Afbeelding* laat u toe om de grootte, de positie, de stijl, enz. van de afbeelding te bepalen. U kan ook de menukeuzen *Opmaak / Afbeelding (Object)* gebruiken.

7.3.1 Indeling (afbeelding)

We zorgen er nu voor dat de tekst naast de afbeelding komt te staan.

➤ Selecteer de afbeelding en klik op de knop *Afbeelding opmaken* in de werkbalk *Afbeelding*.
➤ Selecteer het tabblad *Indeling*.

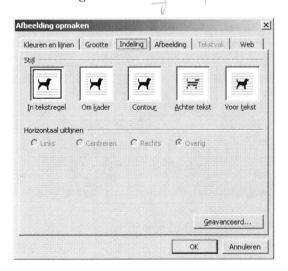

U kiest eerst de stijl van de afbeelding. Bovenaan merkt u de mogelijkheden.

In tekstregel	Standaard komt de afbeelding in de tekst, alsof het tekst is, op de plaats waar u de afbeelding hebt ingevoegd.
Om kader	Rond de afbeelding wordt een denkbeeldig kader getrokken. De tekst komt hier rond. Indien de afbeelding zich links tegen de marge bevindt, zoals bij ons, komt de tekst enkel rechts.
Contour	De tekst komt rond de eigenlijke afbeelding.
Achter tekst	De afbeelding komt achter de tekst te liggen. Deze stijl wordt gebruikt om een watermerk te maken.
Voor tekst	De afbeelding komt op de tekst te liggen. De tekst onder de afbeelding kan u niet meer lezen.

➢ Selecteer de stijl *Om kader*.
➢ U kan de afbeelding ook nog uitlijnen. Selecteer *Links*.

7.3.2   Grootte van de afbeelding

We passen ook de grootte van de afbeelding aan.

➢ Selecteer het tabblad *Grootte*.

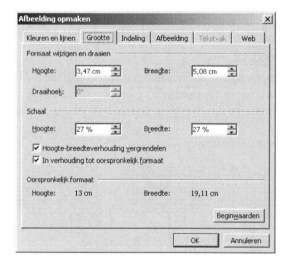

U kunt een afbeelding verkleinen of vergroten door de formaatgrepen te verslepen. We hebben dit zojuist geïllustreerd. Het vergroten of verkleinen van een afbeelding kan ook in dit tabblad.

U kunt de hoogte en de breedte van de afbeelding opgeven. U geeft de absolute afmetingen op. Onderaan kunt u ook het oorspronkelijke formaat aflezen. Indien u dit formaat wenst te herstellen, kunt u de knop *Beginwaarden* gebruiken.

Bij *Schaal* kunt u ook een grootte opgeven uitgedrukt in een percentage.

➢ Typ 30 % bij *Schaal / Hoogte*. De breedte wordt automatisch aangepast.

De oorspronkelijke verhoudingen blijven behouden als de aankruisvakjes onder deze opties geselecteerd zijn. We komen nog terug op de opmaak van een afbeelding. We kijken nu al naar het resultaat.

➢ Klik *OK*.

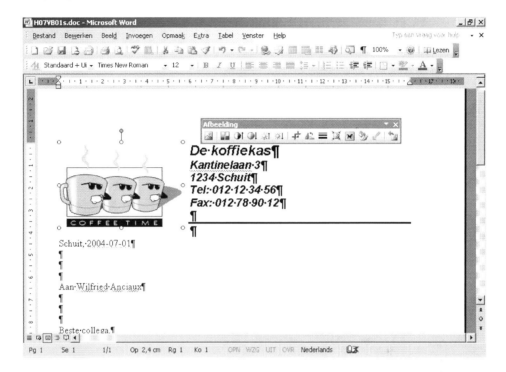

7.3.3 De knop Tekstterugloop

In de werkbalk *Afbeelding* hebt u ook de knop *Tekstterugloop*. U vindt er de verschillende stijlen terug uit het tabblad *Indeling*.

➢ Klik op de knop *Tekstterugloop*.

➢ We maken geen andere keuze. Druk op de Escape-toets.

7.4 Een kader rond de afbeelding

We plaatsen nog een kader rond de afbeelding. We hebben al eerder een kader rond een alinea geplaatst. De manier van werken is analoog.

➢ Selecteer de afbeelding.
➢ Klik op de knop *Lijnstijl* in de werkbalk *Afbeelding* en selecteer ¾ *punt*.

U merkt onmiddellijk het resultaat. Rond de afbeelding is een kader getrokken. Het kan zijn dat u de tekst wat lager en de afbeelding wat hoger moet plaatsen om een mooi beeld te verkrijgen. Het verplaatsen van de afbeelding doet u door ze gewoon te slepen naar een andere positie. Het document is nu klaar.

➢ Bewaar het document onder de naam H07VB01.DOC.

7.5 Bijsnijden van een afbeelding

U kunt van een afbeelding ook een gedeelte verwijderen of er een leeg stuk aan toevoegen. We spreken van het **bijsnijden** van de afbeelding.

U kunt de juiste afstanden opgeven in het dialoogvenster *Afbeelding opmaken*, tabblad *Afbeelding* of u kunt bijsnijden m.b.v. de muis. U klikt hiervoor op de knop *Bijsnijden*.

➢ Kies *Opmaak / Afbeelding* en selecteer het tabblad *Afbeelding*.

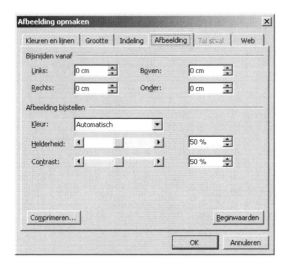

We illustreren het principe. We snijden de tekst *Coffee Time* eraf.

➢ Typ 1,4 bij *Onder* en klik *OK*.

U merkt dat de tekst nu weg is. We illustreren ook het principe m.b.v. de muis.

➢ Klik op de knop *Bijsnijden* in de werkbalk *Afbeelding*.

De muiswijzer verandert in een pijl met twee rechte hoeken. De formaatgrepen in de afbeelding wijzigen eveneens van vorm.

➢ Sleep nu de middelste formaatgreep onderaan naar onder om het effect te zien.

We merken op dat het gedeelte van de afbeelding dat u bijsnijdt niet meer zichtbaar is. Het is in Word nog wel aanwezig. U kan het steeds terug tonen.

➢ Bewaar het document als H07VB02.DOC.

7.6 Een afbeelding verplaatsen of kopiëren

U kunt een afbeelding verplaatsen of kopiëren op de manieren die u gewoon bent.

- U sleept de afbeelding naar een andere positie. Indien u de afbeelding wenst te kopiëren, houdt u de Ctrl-toets ingedrukt.
- U gebruikt de menukeuzen *Bewerken / Knippen* of *Bewerken / Kopiëren* en *Bewerken / Plakken*.
- U maakt gebruik van de knoppen *Knippen*, *Kopiëren* en *Plakken* in de werkbalk *Standaard*.

➢ Probeer deze technieken uit. U kunt met *Bewerken / Ongedaan maken* telkens terugkeren naar de oorspronkelijke situatie.
➢ Sluit het document. U bewaart de laatste wijzigingen niet.

7.7 Mediagalerie

Microsoft biedt u, via een aparte toepassing Mediagalerie, heel wat illustraties. Mediagalerie bevat heel wat afbeeldingen. De afbeeldingen zijn onderverdeeld in een aantal categorieën. Het programma laat u ook toe om nieuwe afbeeldingen toe te voegen, te verwijderen, enz.

➢ Open het document H07VB03s.DOC.
➢ Plaats de invoegpositie op een lege regel, onder *trouwe klanten*.
➢ Kies *Invoegen / Afbeelding / Illustratie*.

Word opent het taakvenster *Illustratie invoegen*.

Word heeft de afbeeldingen op uw pc gecatalogiseerd. Hij heeft trefwoorden toegekend aan de afbeeldingen. U kan zoeken op basis van deze trefwoorden. We illustreren dit later in dit hoofdstuk. De afbeeldingen die bij de installatie van Office werden geïnstalleerd bevinden zich standaard in de mediagalerie.

➢ Klik op *Clips ordenen.*

Indien u de toepassing *Microsoft Mediagalerie* voor het eerst start, moet Word de bestanden nog catalogiseren.

➢ Klik op *Nu* indien u dit dialoogvenster krijgt.

Even later wordt Mediagalerie gestart. U krijgt een dialoogvenster met links een structuur zoals u kent uit Verkenner.

> Open *Office-collecties* door op het plusteken te klikken.
> Sommige categorieën zijn nogmaals onderverdeeld. Open *Mensen*.
> Open *Groepen*.

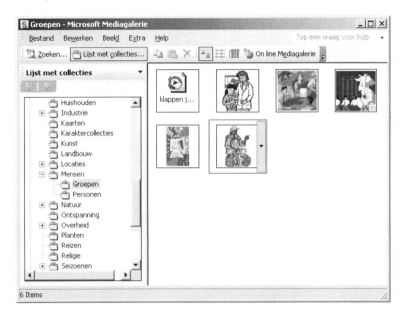

U krijgt nu een aantal afbeeldingen.

> Open de keuzelijst bij de vierde afbeelding. Kies *Kopiëren*.

- ➢ Sluit Mediagalerie.
- ➢ Klik op *Ja* als Mediagalerie u vraagt of de gekopieerde clips op het klembord moeten blijven staan.
- ➢ Klik op de knop *Plakken* om de clip in het document te plakken.

De afbeelding wordt in het document geplaatst. De rest van de tekst schuift naar onder. De afbeelding is standaard ingevoegd als *In tekstregel*. We kunnen dergelijke afbeeldingen ook uitlijnen.

- ➢ Selecteer de afbeelding en klik op de knop *Centreren* in de werkbalk *Opmaak*.

- ➢ Bewaar het document als H07VB03.DOC. Sluit het document.

7.8   Afbeeldingen op het internet

Microsoft stelt heel wat afbeeldingen ter beschikking op het internet.

- ➢ Open een nieuw document.
- ➢ Open het taakvenster *Illustraties*.
- ➢ Klik op de hyperlink *Illustraties op Office Online*.

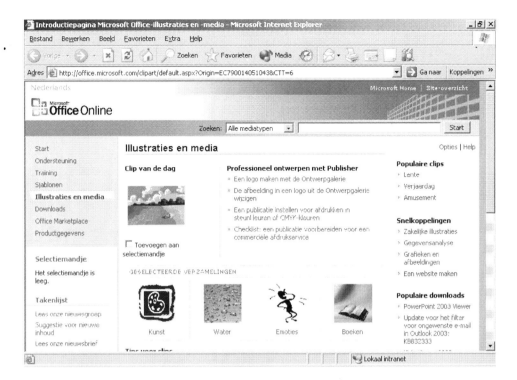

Op de website vindt u een aantal categorieën met illustraties.

> ➢ Klik bv. op de categorie *Landbouw*.

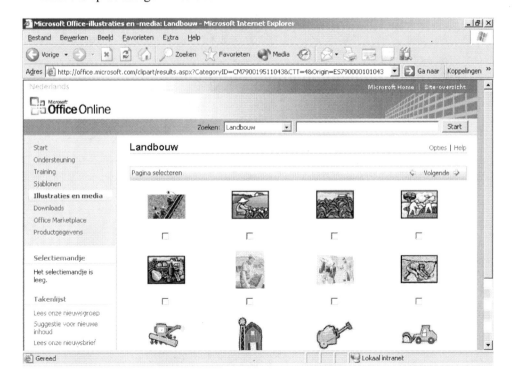

U kan afbeeldingen selecteren. Dat doet u door te klikken in het aankruisvakje of door de keuzelijst bij een afbeelding te openen en te kiezen voor *Toevoegen aan selectiemandje*.

➤ Voeg een 4-tal figuren toe aan uw selectiemandje.

U kan deze nu downloaden naar uw pc.

➤ Klik op de link *4 items downloaden*.
➤ U moet dit nogmaals bevestigen. Volg de aanwijzingen op het scherm.

De figuren worden gedownload als *Mediagalerie-mediapakketbestand*. Dit is een bestand waarin verschillende afbeeldingen opgenomen zijn.

We vinden de figuren ook terug in Mediagalerie.

➤ Klik op de hyperlink *Clips ordenen* in het taakvenster *Illustraties*.
➤ Selecteer *Gedownloade clips*.
➤ Selecteer *Landbouw*.

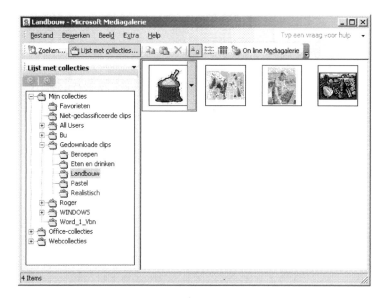

➤ Sluit Mediagalerie.

7.9   Enkele opmerkingen

7.9.1   Afdrukweergave

Afbeeldingen ziet u niet steeds in normale weergave. U moet de afdrukweergave selecteren. Afbeeldingen waarvoor u de stijl *In tekstregel* behoudt, blijft u wel zien in de tekst.

➤ Maak een nieuw document.
➤ Voeg een afbeelding in waarbij u de stijl niet aanpast.
➤ Voeg een afbeelding in waarbij u de stijl *Om kader* selecteert.
➤ Kies *Beeld / Normaal*. U merkt maar één afbeelding meer.
➤ Kies opnieuw *Beeld / Afdrukweergave* om opnieuw beide afbeeldingen te zien.

7.9.2 Afbeeldingen verbergen

Het werken met afbeeldingen vertraagt de verwerking van uw document. U hebt de mogelijkheid om afbeeldingen waarvoor de stijl *In tekstregel* behouden is, te verbergen. U ziet dan enkel een leeg kader. Dat doet u als volgt:

➢ Kies *Extra / Opties* en selecteer het tabblad *Weergave*.
➢ Selecteer *Aanduidingen afbeeldingen* en klik op *OK*.

U ziet de eerste afbeelding niet meer staan. U krijgt enkel een leeg kader. In afdrukweergave ziet u voor deze afbeelding eveneens een leeg kader. De andere afbeelding ziet u in afdrukweergave wel.

➢ Herstel de instelling van de optie.

7.9.3 Van afbeelding tot afbeelding

Indien u een lang document hebt en u bent op zoek naar een bepaalde afbeelding, dan kan u het bladerobject gebruiken. Het **bladerobject** bevindt zich in de verticale schuifbalk. Indien u uit de lijst *Bladeren per afbeelding* kiest, kan u met de knoppen *Volgende afbeelding* en *Vorige afbeelding* eenvoudig tussen de verschillende afbeeldingen bewegen.

➢ Sluit het document. U hoeft het niet te bewaren.

7.10 Oefeningen

Oefening 1
Maak het volgende document aan:

De afbeelding vindt u in de map Word2003_1_Vbn als BANN-SMR.WPG. Voor de tekst gebruikten wij het lettertype *Comic Sans MS, 12 pt*. U mag natuurlijk ook een ander lettertype gebruiken.

Oefening 2

Maak het document dat u vindt in bijlage als H07OEF02.DOC. Het lettertype van de tekst "Uitnodiging" is *Arial* met een letterstijl *Vet* en een puntgrootte *20 pt*. De alinea is gearceerd met een grijswaarde van 12,5%. De afbeelding vindt u in de map Word2003_1_Vbn als MADRIVER.WPG. De tekst staat in *Times New Roman 12 pt*. Bewaar het document onder de naam H07OEF02.DOC.

Oefening 3

U vindt het resultaat van deze oefening in bijlage als H07OEF03.DOC. De afbeelding is in de koptekst opgenomen (en komt op elke bladzijde). De basistekst vindt u in het document H07OEF03s.DOC in de map Word2003_1_Vbn. In Mediagalerie kan u zoeken naar afbeeldingen op basis van trefwoorden. Zoek naar de afbeeldingen met trefwoord *klok*. Onderaan is een voettekst opgenomen waarin de naam van het document als veld voorkomt. Bewaar het resultaat als H07OEF03.DOC.

Oefening 4

U vertrekt van het document H07OEF04s.DOC. Het resultaat moet er als volgt uitzien (we geven twee verschillende delen van het document weer):

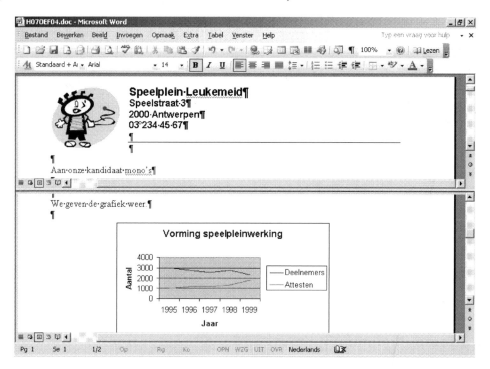

De afbeelding van het spelende kind haalt u uit Mediagalerie. De grafiek haalt u uit de Excelwerkmap Speelpleinwerking.xls dat u in de map Word2003_1_Vbn vindt. U opent de werkmap en u kopieert de grafiek in Excel en u plakt deze in Word.

Bewaar het resultaat als H07OEF04.DOC.

8 In de cel

8.1 Inleiding

Word biedt u een krachtige tabelfunctie. Tabellen zijn in veel gevallen zelfs gemakkelijker dan kolommen (zie deel Word 2003 2/3) of tabulatorinstellingen.

Een tabel bestaat uit een aantal rijen dat genummerd is (1, 2, 3, ...) en een aantal kolommen dat eveneens genummerd is (A, B, C, ...). De knooppunten in een tabel worden **cellen** genoemd; bv. cel A3. In deze cellen kunnen we tekst plaatsen maar ook getallen, figuren, enz.

8.2 Invoegen van een tabel

Om een tabel te creëren, kunt u gebruik maken van de menukeuzen *Tabel / Invoegen / Tabel*, de menukeuzen *Tabel / Tabel tekenen* of van de knop *Tabel invoegen* in de werkbalk *Standaard*. Deze laatste manier is de gemakkelijkste. We illustreren echter eerst de eerste manier. We vertrekken van een nieuw document.

> ➢ Kies *Tabel / Invoegen / Tabel*.

Word stelt u een tabel voor met 5 kolommen en 2 rijen. Het aantal rijen is niet zo belangrijk. U kunt zeer gemakkelijk rijen toevoegen indien u de tabel aan het opvullen bent. Over het aantal kolommen moet u wel nadenken als u een tabel maakt.

We verklaren de opties bij *Werking AutoAanpassen*.

Vaste kolombreedte — De breedte van elke kolom is gelijk. U kan een breedte opgeven of Word zelf de breedte laten bepalen. In dit laatste geval wordt de tabel over de volledige breedte van het blad geplaatst.

AutoAanpassen aan inhoud — De breedte van elke kolom wordt aangepast aan de breedte van de tekst die u erin plaatst.

AutoAanpassen aan venster   De afmetingen van de tabel worden automatisch aangepast zodat de tabel in het venster van een browser past. Deze instelling geldt enkel indien u het document bewaart als HTML-document.

De knop *AutoOpmaak* laat u kiezen uit een aantal voorgedefinieerde modellen.

De optie *Dimensies voor nieuwe tabellen opslaan* zorgt ervoor dat de instelling die u opgeeft de standaard tabeldefinitie wordt.

Wij zullen eerst een eenvoudige tabel aanmaken. We starten met twee kolommen. We willen het volgende resultaat bekomen.

Toetsencombinatie	Betekenis	
Tab	Naar de volgende cel	
Shift+Tab	Naar de vorige cel	
→en←	Eén teken vooruit of achteruit	
↑ en ↓	Eén rij naar boven of beneden	
Alt+Home	Naar de eerste cel van de rij	
Alt+End	Naar de laatste cel van de rij	
Alt+PgUp	Naar de eerste cel van de kolom	
Alt+PgDn	Naar de laatste cel van de kolom	

We maken deze tabel nu aan.

➢ Typ 2 bij *Aantal kolommen* en klik op *OK*.

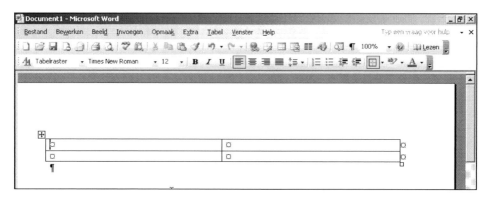

U krijgt een tabel met twee rijen en twee kolommen. Word toont standaard de lijntjes van de tabel.

U merkt in de figuur ook de **eindecelmarkeringen** en de **einderijmarkeringen** ✿. Deze verschijnen indien u de knop *Weergeven/Verbergen* activeert op de werkbalk *Standaard* of als u de optie geselecteerd hebt in het tabblad *Weergave* van het dialoogvenster *Opties*.

➢ Klik op de knop *Weergeven / Verbergen* in de werkbalk *Standaard* als de codes bij u niet zichtbaar zijn.

We vullen nu de tabel op met tekst. De invoegpositie staat in de eerste cel. Om naar een volgende cel te gaan, drukken we op de Tab-toets.

- ➢ Typ `Toetsencombinatie` en druk op de Tab-toets.
- ➢ Typ `Betekenis` en druk op de Tab-toets.
- ➢ Typ `Tab` en druk op de Tab-toets.
- ➢ Typ `Naar de volgende cel` en druk op de Tab-toets.

We hadden een tabel gemaakt met 2 rijen. Word voegt automatisch een rij toe indien u in de laatste cel op de Tab-toets drukt. Indien u geen rij meer wenst toe te voegen, kunt u met het pijltje ↓ de tabel verlaten.

We vullen de tabel verder in.

- ➢ Typ `Shift+Tab` en druk op de Tab-toets.
- ➢ Typ `Naar de vorige cel` en druk op de Tab-toets.

We willen nu de speciale tekens → en ← invoegen. Dat kan als volgt.

- ➢ Klik *Invoegen / Symbool* en selecteer het tabblad *Symbolen*.
- ➢ Selecteer het lettertype *Symbol* bij *Lettertype*.

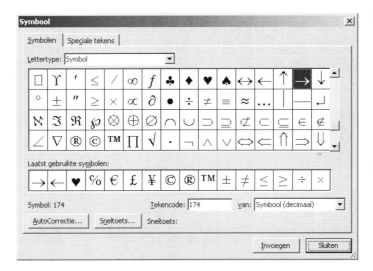

Het lettertype *Symbol* dat geselecteerd is, bevat heel wat symbolen. We kiezen hieruit de pijltjestoetsen.

- ➢ Selecteer → en klik op *Invoegen*. U mag ook dubbelklikken op het symbool.
- ➢ Selecteer ← en klik op *Invoegen*.
- ➢ Klik op de knop Sluiten.
- ➢ Plaats nu tussen de twee pijltjes het woordje 'en' en vul de tabel verder in zoals we in het voorbeeld hebben aangegeven.
- ➢ Bewaar het document als H08VB01.DOC.

8.3   Cursortoetsen binnen een tabel

Indien u tekst typt in de cellen van een tabel, kunt u de meeste toetsen en toetsencombinaties gebruiken die u anders in een document gebruikt. Er zijn een aantal speciale toetsencombinaties om u te bewegen in een tabel.

Toetsencombinatie	Betekenis
Tab	naar de volgende cel
Shift+Tab	naar de vorige cel
→ en ←	één teken vooruit of achteruit
↑ en ↓	één rij naar boven of onder
Alt+Home	naar de eerste cel van de rij
Alt+End	naar de laatste cel van de rij
Alt+PgUp	naar de eerste cel van de kolom
Alt+PgDn	naar de laatste cel van de kolom

> ➢ Probeer deze toetsencombinaties uit op H08VB01.DOC.

De Tab-toets heeft een andere betekenis gekregen. Indien u de Tab-toets wenst te gebruiken in een tabel (met de gewone betekenis), moet u Ctrl+Tab gebruiken.

8.4   Breedte van een kolom wijzigen

8.4.1   Breedte van een kolom wijzigen door te slepen

Bij het creëren van de tabel heeft Word de twee kolommen even breed gemaakt. We kunnen de kolombreedtes instellen door de randen te slepen, m.b.v. de liniaal of m.b.v. menukeuzen.

> ➢ Zorg ervoor dat de liniaal zichtbaar is (hoewel dit niet noodzakelijk is).

Om de breedte van een kolom aan te passen, moet u de muiswijzer op een lijn van de tabel plaatsen zodat de muiswijzer verandert in twee verticale streepjes met links en rechts een pijl. U sleept de lijn nu naar een nieuwe positie.

> ➢ Plaats op deze manier de kolombreedte van de eerste kolom op ongeveer 4 cm.

Indien u de breedte van een kolom op deze manier aanpast, wijzigt de breedte van de tabel niet. De breedte van de kolom rechts van de tabelrand wijzigt, de breedten van de overige kolommen wijzigen niet.

Slepen tabelrand			
	Aangepast	Ongewijzigd	Ongewijzigd

Indien u de Shift-toets inhoudt tijdens het slepen, wijzigt de breedte van de tabel wel. De kolommen rechts van de geselecteerde kolom, wijzigen niet van breedte.

Slepen tabelrand terwijl de Shift-toets is ingehouden		
Ongewijzigd	Ongewijzigd	Ongewijzigd

Indien u de Ctrl-toets inhoudt tijdens het slepen, wijzigt de breedte van de tabel niet. De kolommen rechts van de geselecteerde kolom, worden in gelijke mate aangepast.

Slepen tabelrand terwijl de Ctrl-toets is ingehouden		
Aangepast	Aangepast	Aangepast

8.4.2   Breedte van een kolom wijzigen m.b.v. de liniaal

 U kunt de breedte van een kolom ook wijzigen door de kolomindicatoren te verslepen. De muiswijzer verandert in een dubbele pijl.

De combinatie van slepen met de Shift-toets is hier anders.

Slepen in de liniaal		
Ongewijzigd	Ongewijzigd	Ongewijzigd

Slepen in de liniaal terwijl de Shift-toets is ingehouden		
Aangepast	Ongewijzigd	Ongewijzigd

Slepen in de liniaal terwijl de Ctrl-toets is ingehouden		
Aangepast	Aangepast	Aangepast

Als u de afmetingen van de kolombreedten wenst weer te geven, wijst u met de muiswijzer een kolommarkering aan en u houdt de Alt-toets in terwijl u de linker muisknop indrukt.

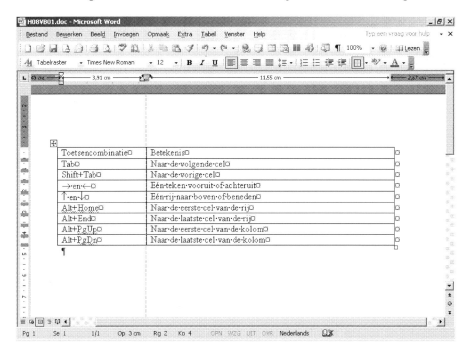

8.4.3 Breedte van een kolom wijzigen m.b.v. menukeuzen

U kan de breedte van een kolom ook wijzigen m.b.v. de menukeuzen *Tabel / Tabeleigenschappen*. We komen later in dit hoofdstuk terug op het dialoogvenster *Tabeleigenschappen*.

ↆ tabblad kolom activeren

8.5 Selecteren van cellen

Indien u in een tabel werkt, maken we onderscheid tussen het selecteren van cellen en het selecteren van de tekst in cellen. U kunt tekst in een cel op de gebruikelijke manier selecteren. Om een woord te selecteren, dubbelklikt u bv. op het woord; om een deel van een tekst te selecteren, sleept u de muiswijzer over de tekst, ... Indien u (een deel van) de inhoud van een cel wenst te selecteren, mag u de markering voor het einde van de cel niet mee selecteren.

Indien u de ganse cel of meerdere cellen wenst te selecteren, kunt u dit op de volgende manieren.

8.5.1 Selecteren m.b.v. de muis

Selectie	Actie
Eén cel	Klik in de selectiebalk van de cel. De **selectiebalk** van een **cel** is de ruimte in het begin van een cel.
Een rij	Klik in de selectiebalk van de rij. Dit is de ruimte voor het begin van een rij (buiten de tabel).
Een kolom	Klik op de bovenste rasterlijn of rand. Indien u de muiswijzer op de rasterlijn of rand brengt, verandert hij in een dikke pijl die naar onder is gericht.
Meerdere cellen	U kunt de muis ook slepen over meerdere cellen. De selectie heeft dan steeds betrekking op de volledige cellen.
	U kunt ook de eerste cel selecteren, de Shift-toets inhouden en op de laatste te selecteren cel klikken.
Ganse tabel	Indien u klikt in de tabel ziet u links bovenaan, net buiten de tabel, een vierkantje met een vierpuntige pijl, de **verplaatsingsgreep** genoemd. Indien u op dit vierkantje klikt, wordt de volledige tabel geselecteerd. U kan een tabel ook verplaatsen door de verplaatsingsgreep te slepen naar een andere positie.
	Klik in de selectiebalk voor de eerste rij en sleep de muiswijzer naar beneden.
	Klik in de selectiebalk voor de eerste rij, houd de Shift-toets in en klik in de selectiebalk voor de laatste rij.

➢ Experimenteer met deze mogelijkheden.

8.5.2 Selecteren via het menu

U kunt een rij, kolom of de volledige tabel ook selecteren m.b.v. de menukeuzen *Tabel / Selecteren* en daarna *Tabel, Kolom, Rij* of *Cel*.

8.6   Lijnen verwijderen en toevoegen

Standaard voegt Word lijnen toe aan de tabel. U kunt deze lijnen verwijderen, de dikte aan-passen, enz. We zorgen ervoor dat de werkbalk *Tabellen en randen* zichtbaar is. De dikte van de lijnen stellen we in op ¾ pt. Indien dit bij u nog niet zo is, zorgt u hiervoor:

> ➢ Klik op de knop *Tabellen en randen* in de werkbalk *Standaard*.
> ➢ Selecteer *¾ pt* in de keuzelijst *Lijndikte* in de werkbalk *Tabellen en randen*.

We selecteren nu de ganse tabel en zorgen ervoor dat zowel de lijnen aan de binnenkant als aan de buitenkant verwijderd worden.

> ➢ Selecteer de ganse tabel.
> ➢ Klik op *Geen rand* in de werkbalk *Tabellen en randen*.
> ➢ Deselecteer de tabel om het resultaat te zien.

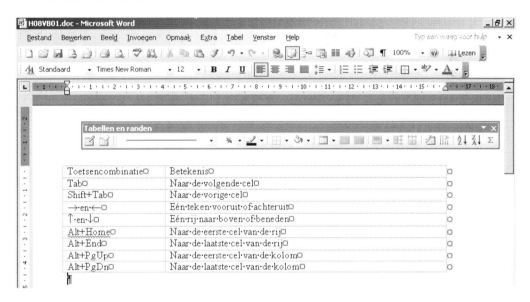

U merkt dat de lijnen nu vervangen zijn door rasterlijnen. Deze rasterlijnen worden niet afge-drukt! Indien de rasterlijnen bij u niet zichtbaar zijn, kiest u *Tabel / Rasterlijnen weergeven*. We maken nu de lijnen opnieuw zichtbaar.

> ➢ Selecteer de ganse tabel en klik *Alle randen* in de werkbalk *Tabellen en randen*.

8.7   Een cel een vulling geven

De bovenste rij van de tabel geven we een vulling.

> ➢ Selecteer de eerste rij van de tabel.
> ➢ Open de keuzelijst *Arceringskleur* in de werkbalk *Tabellen en randen*.
> ➢ Selecteer *Grijs-10 %*.

8.8   Eerste rij herhalen

U kan de eerste rij of rijen herhalen op de volgende bladzijde indien een tabel niet op één bladzijde kan. U moet de invoegpositie hiervoor in de eerste rij plaatsen. U mag de rij ook selecteren.

> ➤ Selecteer de eerste rij van de tabel.
> ➤ Kies *Tabel / Eerste rij herhalen*.

Om het effect te zien, moeten we ervoor zorgen dat de tabel over twee bladzijden wordt gespreid.

> ➤ Zorg ervoor dat u zich in afdrukweergave bevindt.
> ➤ Positioneer de invoegpositie bovenaan het document en druk op de Enter-toets tot de tabel over de twee bladzijden is verdeeld.

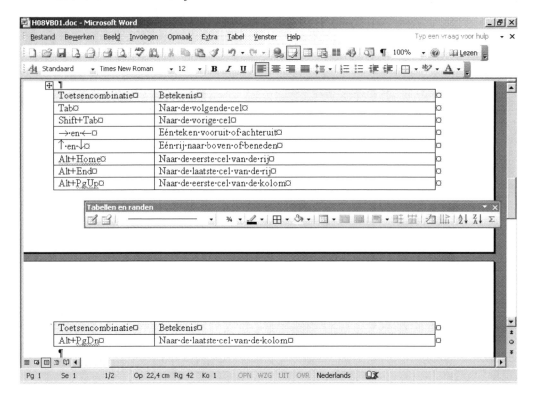

U merkt dat de eerste rij op de tweede bladzijde wordt herhaald.

> ➤ Verwijder de aangebrachte lege lijnen.

Indien u een nieuwe bladzijde forceert met Ctrl+Enter kunt u de koppen van een tabel niet laten herhalen op de volgende bladzijde. Voor Word zijn dit in dat geval immers twee verschillende tabellen.

> ➤ Bewaar het resultaat als H08VB02.DOC.

8.9   Alineaopmaak

In de tabel van H08VB02.DOC staan de lijnen (te) dicht bij de tekst. We willen dit verhelpen. In een rij hebt u tekst getypt. Telkens als u op de Enter-toets drukt, maakt u een nieuwe alinea. Ook de lijnen in de verschillende rijen van de tabel staan in nieuwe alinea's. We zullen de alinea een opmaak geven zodat de lijnen verder van de tekst staan. Om het verschil goed te zien, kopiëren we de tabel eerst (net onder de eerste tabel).

> ➢ Doe!

We selecteren de nieuwe tabel en geven de gepaste alineaopmaak.

> ➢ Selecteer de tweede tabel.
> ➢ Kies *Opmaak / Alinea* en selecteer het tabblad *Inspringingen en Afstand.*
> ➢ Typ 2 pt bij *Afstand / Voor.*
> ➢ Typ 2 pt bij *Afstand / Na.*
> ➢ Klik op *OK* en deselecteer de tabel.

Voor en na een alinea wordt nu een ruimte van 2 punten gecreëerd. Dat geeft een aangenamer beeld.

Toetsencombinatie	Betekenis
Tab	Naar·de·volgende·cel
Shift+Tab	Naar·de·vorige·cel
→·en·←	Eén·teken·vooruit·of·achteruit
↑·en·↓	Eén·rij·naar·boven·of·beneden
Alt+Home	Naar·de·eerste·cel·van·de·rij
Alt+End	Naar·de·laatste·cel·van·de·rij
Alt+PgUp	Naar·de·eerste·cel·van·de·kolom
Alt+PgDn	Naar·de·laatste·cel·van·de·kolom

> ➢ Bewaar het document als H08VB03.DOC.

8.10   Samenvoegen van cellen

Aangrenzende cellen (zowel in een rij als in een kolom) kunnen samengevoegd worden. We illustreren dit met een eenvoudig voorbeeld. Maak eerst de bovenste tabel aan die u vindt in bijlage als H08VB04.DOC. De tabel bestaat uit 4 rijen en 3 kolommen. U maakt de tabel aan m.b.v. de knop *Tabel invoegen* in de werkbalk *Standaard.* Daartoe klikt u de knop en u duidt de grootte van de tabel aan. U sleept de muiswijzer zodanig dat u een (4 x 3)-tabel verkrijgt.

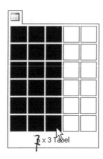

➢ Maak de tabel aan en vul de tabel in zoals u in bijlage ziet.

We zullen nu de 3 cellen van de eerste rij van de tabel verenigen tot één cel. We selecteren de eerste rij van de tabel en voeren de juiste menukeuzen uit.

➢ Selecteer de eerste rij van de tabel.
➢ Kies *Tabel / Cellen samenvoegen*.
➢ Deselecteer de eerste rij van de tabel.

U merkt dat de 3 cellen tot één cel verenigd zijn. In Word kunt u ook cellen samenvoegen die behoren tot eenzelfde kolom.

➢ Zorg er nu zelf voor dat de tekst in de eerste rij gecentreerd is en dat de eerste rij een vulling van 10 % krijgt. Het resultaat moet eruit zien als in het tweede voorbeeld van H08VB04.DOC.

Met de knop *Cellen samenvoegen* in de werkbalk *Tabellen en randen* kunt u ook aangrenzende geselecteerde cellen samenvoegen.

8.11   Splitsen van cellen

Net zoals u cellen van eenzelfde rij kunt samenvoegen, kunt u ook een cel splitsen in een aantal kolommen. We splitsen de eerste rij in twee kolommen.

➢ Selecteer de eerste rij van de tabel.
➢ Kies *Tabel / Cellen splitsen*.

U moet nu het aantal kolommen en rijen geven waarin de cel moet gesplitst worden.

➢ Typ 2 bij *Aantal kolommen* en klik op *OK*.

De cel wordt in twee gesplitst. De tekst bevindt zich in de linkse cel.

➤ Selecteer de tekst in de linkse cel en verplaats deze naar de rechtse cel.
➤ Pas de kolombreedte van de cellen aan zodat de eerste cel van de eerste rij gelijk begint met de tweede kolom in de overige rijen.
➤ Pas ook de lijnen en de arcering in de eerste cel van de eerste rij aan. U krijgt dan het resultaat dat u in het derde voorbeeld ziet van H08VB04.DOC.
➤ Bewaar het document nu als H08VB04.DOC.

In de werkbalk *Tabellen en randen* vindt u ook de knop *Cellen splitsen* om een cel te splitsen in meerdere cellen.

8.12 Rijen invoegen/verwijderen

Indien u een rij wenst in te voegen, plaatst u de invoegpositie in een cel van de rij waarvoor of waarna u een rij wenst in te voegen. Indien u bv. voor de rij 'April' een rij wenst toe te voegen, plaatsen we de invoegpositie in een cel op deze rij.

➤ Positioneer de invoegpositie in de cel 'April'.
➤ Kies *Tabel / Invoegen / Rijen boven.*

Er wordt een rij ingevoegd voor de rij 'April'. Indien u meerdere rijen tegelijkertijd wenst in te voegen, kunt u een aantal rijen selecteren. Word voegt zoveel rijen in als u geselecteerd hebt.

U kunt ook gebruik maken van de knop *Rijen invoegen* in de werkbalk *Standaard*. Deze knop staat op dezelfde plaats als de knop *Tabel invoegen*. De knop *Tabel invoegen* verandert indien u een rij of kolom selecteert.

Ook de werkbalk *Tabellen en randen* heeft een keuzelijst waarin de menukeuzen *Rijen boven invoegen* en *Rijen onder invoegen* voorkomen.

Om een rij te verwijderen, plaatst u de invoegpositie in de rij. Indien u meerdere rijen wenst te verwijderen, moet u de rijen selecteren.

➤ Selecteer de rij boven 'April'.
➤ Kies *Tabel / Verwijderen. / Rijen.*

Om één of meerdere rijen te verwijderen, kunt u ook de knop *Knippen* gebruiken als de rij of rijen geselecteerd zijn.

8.13 Kolommen invoegen/verwijderen

Indien u één of meerdere kolommen wenst in te voegen, selecteert u één of meerdere kolommen waarvoor of waarna de kolommen moeten ingevoegd worden. Daarna kiest u de menukeuzen *Tabel / Invoegen / Kolommen links* of *Tabel / Invoegen / Kolommen rechts.* U kan ook klikken op de knop *Kolommen invoegen* in de werkbalk *Standaard*.

Om kolommen te verwijderen gaat u op een analoge manier te werk. U kiest hier *Tabel / Verwijderen / Kolommen.* U kunt de kolommen ook selecteren en de knop *Knippen* gebruiken in de werkbalk *Standaard*.

Ook de werkbalk *Tabellen en randen* heeft een keuzelijst met de mogelijkheden *Kolommen links invoegen* en *Kolommen rechts invoegen*.

8.14 Tabel verwijderen

Indien u een ganse tabel wenst te verwijderen, selecteert u de tabel en klikt u op de knop *Knippen* in de werkbalk *Standaard*. U kunt natuurlijk ook de menukeuzen *Bewerken / Knippen* gebruiken.

Indien u de tabel selecteert en op de Delete-toets drukt, wordt de inhoud van de tabel verwijderd. De tabel zelf blijft echter bestaan.

We proberen dit even uit.

> ➢ Selecteer de ganse tabel.
> ➢ Druk op <Delete>.

U merkt dat de inhoud van de tabel verwijderd is. We maken de laatste actie ongedaan.

> ➢ Klik *Ongedaan maken* in de werkbalk *Standaard*.

We verwijderen de ganse tabel.

> ➢ Selecteer de ganse tabel.
> ➢ Klik op de knop *Knippen* in de werkbalk *Standaard*.   *ofwel: via menubalk Tabel - verwijderen - tabel*

De tabel is nu in haar geheel verwijderd. We maken de actie weer ongedaan.

> ➢ Klik op *Ongedaan maken* in de werkbalk *Standaard*.

8.15 Snelmenu

Indien de invoegpositie zich in een tabel bevindt, kunt u ook gebruik maken van een snelmenu. U klikt op de rechter muisknop om de meest gebruikte functies in een menu te verkrijgen.

> ➢ Probeer dit zelf uit!
> ➢ Sluit daarna het document. U hoeft de wijzigingen niet te bewaren.

8.16 Een tabel tekenen

U kunt een tabel ook tekenen in het document. We vertrekken van een nieuw document.

> ➢ Kies *Tabel / Tabel tekenen*.

U krijgt de werkbalk *Tabellen en randen*. De knop *Tabel tekenen* is geactiveerd. De muiswijzer heeft de vorm van een potlood.

8.16.1 Tabel tekenen

Als de knop *Tabel tekenen* geactiveerd is, kunt u een tabel tekenen door de muiswijzer in de vorm van een rechthoek te slepen. U maakt nadien de lijnen in de tabel door te slepen.

➤ Als de knop nog niet actief is, klikt u op de knop *Tabel tekenen*.

Indien u nogmaals op de knop klikt, deactiveert u de functie.

➤ Teken nu een tabel die er als volgt uitziet:

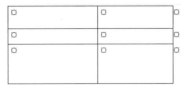

8.16.2 Vlakgom

De knop *Vlakgom* laat u toe om lijnen weer te wissen. U klikt op de knop *Vlakgom* en u sleept over de lijn die u wenst te wissen.

➤ Verwijder de derde horizontale lijn (zodat de tabel nog slechts 4 cellen heeft).
➤ Typ de volgende tekst in de tabel.

Tekst in cel (1,1).	Tekst in cel (1,2)
Tekst in cel (2,1)	Tekst in cel (2,2)

8.16.3 Uitlijnen van tekst in een tabel

De werkbalk *Tabellen en randen* bezit een keuzelijst met een aantal mogelijkheden om de tekst in een tabel uit te lijnen.

U kan links uitlijnen, centreren en rechts uitlijnen en dit telkens boven, in het midden en onderaan een cel.

➤ Selecteer de eerste kolom en klik op *Centreren*.

8.16.4 Gelijkmatig verdelen van rijen en kolommen

Indien u klikt op *Rijen gelijkmatig verdelen* dan worden de geselecteerde rijen even hoog.

Indien u klikt op *Kolommen gelijkmatig verdelen*, dan worden de geselecteerde kolommen even breed.

> ➢ Selecteer de ganse tabel en klik op *Rijen gelijkmatig verdelen*.
> ➢ Klik daarna ook op *Kolommen gelijkmatig verdelen*.

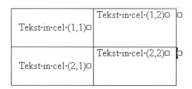

> ➢ U mag nog gerust even experimenteren met het voorbeeld en met de knoppen van de werkbalk *Tabellen en randen*. Sluit daarna het voorbeeld. Bewaar het als H08VB05.DOC.

8.17 Tabeleigenschappen

8.17.1 Het tabblad Tabel

Heel wat van de eigenschappen van een tabel kan u aanpassen in het dialoogvenster *Tabeleigenschappen*. We vertrekken van een bestaande tabel.

> ➢ Open het document H08VB06s.DOC.
> ➢ Plaats de invoegpositie in de tabel en kies *Tabel / Tabeleigenschappen*. U kan ook rechts klikken op de tabel en kiezen voor *Tabeleigenschappen*. Selecteer het tabblad *Tabel*.

U kan in Word een voorkeursbreedte opgeven. Deze kan u uitdrukken in centimeters maar ook als een percentage t.o.v. de bladzijde (of het scherm als u in weblay-out werkt).

➢ Selecteer *Voorkeursbreedte* en typ `10 cm` als voorkeursbreedte. Bij *Meten in* laat u *Centimeters* staan.

Standaard plaatst Word een tabel links op het blad. U kan de positie wijzigen. De tabel kan links geplaatst worden, gecentreerd t.o.v. de breedte van de bladzijde of aan de rechterkant. Indien u kiest voor *Links* kan u de positie opgeven door een waarde op te geven bij *Vanaf links inspringen.*

➢ Selecteer *Centreren.*

Eventueel kan u de tekst rond de tabel laten lopen. Indien u de keuze *Rondom* aanklikt, kan u ook m.b.v. de knop *Plaatsing* de positie opgeven.

➢ Klik *OK* om het resultaat te bekijken.

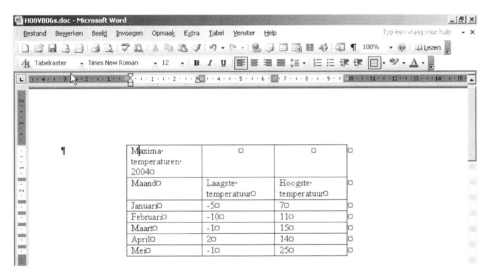

We merken op dat u de tabel ook kan centreren door ze te selecteren en op de knop *Centreren* te klikken in de werkbalk *Opmaak.*

8.17.2 Het tabblad Rij

Indien we de hoogte van alle rijen willen aanpassen, selecteren we de tabel en roepen we het tabblad *Rij* op.

➢ Selecteer de ganse tabel en kies *Tabel / Tabeleigenschappen.* Selecteer het tabblad *Rij.*

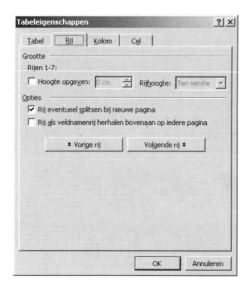

➤ Selecteer *Hoogte opgeven* en typ 2 cm. In de keuzelijst *Rijhoogte* kiest u *Ten minste*.

Vermits we de ganse tabel hebben geselecteerd, hebben we de rijhoogte van elke rij aangepast. In het dialoogvenster wordt dit trouwens aangegeven (*Rijen 1-7*). Als u klikt op *Vorige rij* of *Volgende rij* kan u de hoogte van individuele rijen bepalen.

U merkt dat u ook kan opgeven of de rijen eventueel gesplitst mogen worden bij een nieuwe pagina. U kan ook hier instellen dat u de eerste rij wenst te herhalen bovenaan iedere pagina.

➤ Klik *OK*.

U merkt dat de rijhoogte is aangepast. Indien u de hoogte van één rij wenst aan te passen, is het eenvoudiger om de rand van de rij te verslepen. Indien u, zoals hier, de hoogte van meerdere rijen wenst aan te passen, is dit de eenvoudigste techniek.

8.17.3 Het tabblad *Cel*

De tekst bevindt zich bovenaan elke cel. Indien u de tekst wenst te centreren in de cellen dan kan u dat doen in het tabblad *Cel*.

➤ Selecteer de ganse tabel.
➤ Klik rechts op de tabel en kies *Tabeleigenschappen*. Selecteer het tabblad *Cel*.
➤ Bij *Verticaal uitlijnen* kiest u *Centreren*. Klik *OK*.

De tekst is nu gecentreerd binnen elke cel. We merken weer op dat de instelling geldt voor de geselecteerde cellen. In dit geval hadden we de ganse tabel geselecteerd. Indien we slechts één of meerdere cellen selecteren, maken we enkel deze cellen op.

➤ Experimenteer nog even met de tabeleigenschappen.
➤ Bewaar het document als H08VB06.DOC.

8.18 Oefeningen

Oefening 1

Het resultaat van deze oefening vindt u in bijlage als H08OEF01.DOC. De titel heeft een lettertype *Times New Roman* met een tekengrootte van 18 punten. De basistekst is getypt met hetzelfde lettertype maar met een tekengrootte van 12 punten. Om het programma in kolommen in te delen, gebruikt u een tabel met 3 kolommen. U zorgt zelf voor de juiste breedte van deze kolommen. Bewaar het document als H08OEF01.DOC. Druk het document af.

Oefening 2

Maak een (lege) tabel met volgende kenmerken:

- twee kolommen
- twee rijen
- de bovenste rij is als 'Eerste rij herhalen' gedefinieerd en is gearceerd met een vulling van 10 %

Definieer de tabel als tekstfragment *tab1* en roep daarna het tekstfragment op. Bewaar het document als H08OEF02.DOC.

Oefening 3

U kunt tabellen ook gebruiken om figuren en tekst naast elkaar te plaatsen. Dat doet u in H08OEF03.DOC waarvan u het resultaat in bijlage vindt. U vindt de figuren BIOS-COOP.WMF en DINER2.WMF in de map Word2003_1_Vbn.

De eerste tekst is getypt in *Times New Roman* met een tekengrootte van 36 punten, cursief en in het vet; de tweede tekst met het lettertype *Comic Sans MS* met een tekengrootte van 28 punten. U mag uiteraard ook andere lettertypes kiezen!

Bewaar het document als H08OEF03.DOC.

Oefening 4

De firma ChocoChiChi is nog niet geautomatiseerd maar heeft bij een vriend-computerliefhebber een factuur laten ontwerpen dat met de hand kan ingevuld worden (zie bijlage H08OEF04.DOC). Het grootste stuk van de factuur bestaat uit een tabel. We creëren eerst de overige tekst. De linker- en de rechter marge zijn ingesteld op 1 cm.

De titel heeft een lettertype *Times New Roman* met een tekengrootte van *25 ptn*. De tekst wordt vet afgedrukt. Het adres, de telefoon, de fax, HRA, BTW en bank zijn gegeven met een tekengrootte *12 pt*. Een linker tabulatorstop is op 2 cm geplaatst.

De titeltjes *Factuurnummer*, *Datum* en *BTW-nummer klant* zijn niet meer in het vet afgedrukt. Om de puntjes af te drukken, is gebruik gemaakt van twee rechter tabulatorstops met voorlooppuntjes op 7 en 18 cm. U plaatst ook een linkse tabstop op 8 cm.

De tekst 'Voor verkoop en levering van het volgende, betaalbaar te Antwerpen' is met een tekengrootte *8 pt* afgedrukt.

Het kader rechtsboven is ook een tabel.

In de tabel zijn de kopjes in de eerste rij vet afgedrukt en gecentreerd. De rij heeft een donkere achtergrond (vulling 20 %). De hoogte van de rij is vergroot door de afstand van de alinea zowel voor als na te vergroten met 2 punten. De volgende rijen hebben een vaste hoogte van 16 punten.

Onderaan zijn de titeltjes 'TOTAAL', 'B.T.W. %', 'TOTAAL TE BETALEN' vet afgedrukt en links uitgelijnd. De cel rond het onderste titeltje is extra vet omlijnd.

Bewaar het document als H08OEF04.DOC. Druk het document af.

Oefening 5
U kan twee tabellen naast elkaar plaatsen als u de tweede tabel maakt met de optie *Tabel tekenen*. Maak de tabellen aan zoals u ziet in de volgende schermafdruk.

Het is ook mogelijk om in een cel van een tabel opnieuw een tabel te creëren. Probeer uit.

Bewaar het resultaat als H08OEF05DOC.

9 Samen op stap

9.1 Inleiding

In dit hoofdstuk behandelen we het samenvoegen van documenten (**merge**). U wenst bv. aan alle leden van een vereniging een uitnodiging te sturen. Het enige wat er in de tekst verandert, zijn de namen en de adressen van de verschillende leden. Voor een dergelijke opdracht kunt u gebruik maken van de optie *Afdruk samenvoegen* van Word. U maakt een **hoofddocument** aan waarin u de basistekst plaatst en waarin u codes plaatst voor de variabele gegevens. Een tweede bestand, het **gegevensbestand**, bevat de namen en de adressen van de leden waarvoor een document moet aangemaakt worden. Samengevat moeten dus volgende stappen gebeuren:

1. Aanmaken van het **hoofddocument**.
2. Aanmaken van het **gegevensbestand**.
3. **Samenvoegen** van de documenten.

In Word hebt u voor het samenvoegen van documenten tal van mogelijkheden. Het gegevens-bestand kan ook een bestand uit Access, dBase, ... zijn. Bij het samenvoegen van documenten kunt u ook testen inbouwen, ... In dit hoofdstuk behandelen we slechts een eenvoudig voor-beeld. We laten u in deze inleidende cursus enkel proeven van de mogelijkheden... In het deel Word 2003 2/3 gaan we er uitgebreider op in.

9.2 H09VB01.DOC

We vertrekken van het voorbeeld H09VB01s.DOC. Dit is de brief van 'De koffiekas'. De brief zal het hoofddocument vormen. We moeten nog wel codes toevoegen op de plaatsen van de variabele gegevens. Voor de datum in de brief plaatsen we ook een code. We zullen dit document H09VB01h.DOC noemen.

We maken hierbij een gegevensbestand met de naam, de afdeling waar de persoon werkt en het bedrag dat hij moet betalen. De gegevens van één persoon vormen een **record**. De afzon-derlijke gegevens noemen we **velden**. We noemen dit bestand H09VB01g.DOC.

Daarna voegen we de twee bestanden samen tot H09VB01.DOC.

9.2.1 Aanmaken van het gegevensbestand

Het aanmaken van een gegevensbestand kunnen we in Word op verschillende manieren. De eenvoudigste manier bestaat erin dat u de verschillende gegevens in een tabel plaatst. Elke rij bevat de gegevens van een record; een kolom bevat de gegevens van een veld.

De eerste rij van de tabel bevat de **veldnamen**. Dit zijn de codes die u opgeeft in het hoofddo-cument. Deze veldnamen moeten voldoen aan een aantal voorwaarden:

- de naam moet beginnen met een letter,
- er mogen geen spaties voorkomen in de naam,
- de naam mag maximaal 40 karakters lang zijn.

Als veldnamen kiezen wij *Naam*, *Afdeling* en *Bedrag*.

Naam	Afdeling	Bedrag
Wilfried Anciaux	Keuken	45,25
Luc Martens	Marketing	76,00
Vic Vandebrande	Keuken	65,50

> ➢ Maak nu de bovenstaande tabel aan. Het document bewaart u als H09VB01g.DOC. Het vormt het gegevensbestand.

9.2.2 Aanmaken van het hoofddocument

We roepen het document H09VB01s.DOC op.

> ➢ Verwijder de datum bovenaan en ook de naam aan wie de brief gericht is.

9.3 Samenvoegen van de documenten

We moeten nu de velden opgeven die in de brief moeten opgenomen worden. Word kent echter het gegevensbestand nog niet. Hij kent dus ook de namen van de velden nog niet. We maken de namen van het hoofddocument en gegevensbestand aan Word bekend.

> ➢ Kies *Extra / Brieven en verzendlijsten / Afdruk samenvoegen.*

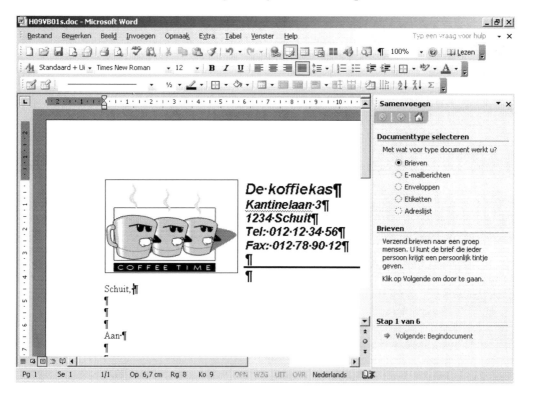

U krijgt het taakvenster *Samenvoegen*. U kiest het type document dat u wenst te maken. In ons geval is dit *Brieven*. Word geeft u in het venster wat uitleg.

➢ Selecteer de verschillende typen en lees telkens de uitleg die Word u geeft.
➢ Selecteer tenslotte opnieuw *Brieven*.
➢ Klik *Volgende: Begindocument*.

Het begindocument is het document waarvan u vertrekt, in dit geval de brief.

➢ Selecteer *Het huidige document gebruiken*.
➢ Klik *Volgende: Adressen selecteren*.

De optie *Contactpersonen selecteren* geeft u de mogelijkheid om gegevens van contactpersonen uit Outlook te gebruiken.

> ➢ Selecteer *Een bestaande lijst gebruiken*.
> ➢ Klik op de hyperlink *Bladeren* en selecteer het bestand H09VB01g.DOC.

U kan de geadresseerden selecteren. We zullen bv. *Luc Martens* geen brief sturen.

> ➢ Deselecteer *Luc Martens* en klik *OK*.

De naam van het bestand kan u aflezen in het taakvenster.

> ➢ Klik op *Volgende: Uw brief schrijven*.

We voegen nu de velden *Naam, Afdeling* en *Bedrag* toe.

- Positioneer de invoegpositie na *Schuit.*
- Kies *Invoegen / Datum en tijd.*
- Selecteer *11 juli 2004* (actuele datum).
- Selecteer *Automatisch bijwerken* en klik op *OK.*

De datum wordt als code in het document opgenomen. Indien u de invoegpositie op de datum plaatst, merkt u dat u een veld hebt ingevoegd.

- Druk op ←.

Schuit,·11·juli·2004¶

We voegen nu de velden toe van het gegevensbestand.

- Positioneer de invoegpositie na *Aan.*
- Klik op *Meer items* in het taakvenster.

- Selecteer *Naam* en klik op *Invoegen.*
- Selecteer *Afdeling* en klik op *Invoegen.*
- Klik op *Sluiten.*

De velden worden in het document geplaatst in de vorm <<Naam>> en <<Afdeling>>.

- Wijzig de tekst in *Aan <<Naam>> (Afdeling: <<Afdeling>>).*
- Positioneer de invoegpositie voor het bedrag *8 EUR.*
- Verwijder het bedrag *8.*
- Klik op *Meer items.*
- Selecteer *Bedrag* en klik op *Invoegen.*
- Klik op de knop *Sluiten.*

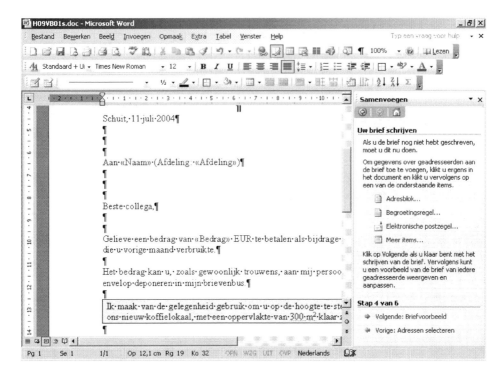

Het document is nu klaar om samen te voegen met het document H09VB01g.DOC.

➢ Klik op *Volgende: Briefvoorbeeld*.

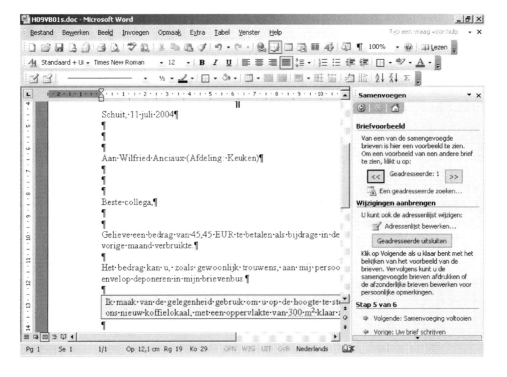

>> U merkt dat de gegevens van de eerste persoon zijn ingevuld. U kan een volgende persoon selecteren …

➢ Klik *Volgende: Samenvoeging voltooien.*

We bekijken de brieven eerst in Word.

➢ Klik op *Afzonderlijke brieven bewerken.*

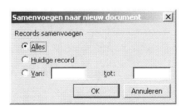

U kan eventueel een beperkte selectie maken van de records. Dat doe we hier niet.

➢ Selecteer *Alles* en klik op *OK.*

U krijgt een nieuw document waarin zich twee brieven bevinden.

➢ Bewaar het document als H09VB01.DOC. Druk één van de brieven af.
➢ Sluit het document.

U moet natuurlijk het hoofddocument bewaren.

➢ Bewaar dit document als H09VB01H.DOC. Sluit het document.

9.4 Oefeningen

Oefening 1

Maak een gegevensbestand aan met de velden voornaam, familienaam, straat en huisnummer, postcode, woonplaats, telefoon.

Voeg volgende records toe:

- uw eigen voornaam, familienaam, straat en huisnummer, postcode, woonplaats en telefoon
- Jef Salaat, Pekenstraat 5, 6363 Kommer, 011 58 69 69
- Mie Knoet, Bakkersbroek 8, 4545 Lepele, 056 33 66 99
- Joop Zoetemelk, Miekesplein 4, 7788 Zwevezele
- Dai Verstoppen, Kwijtstraat 1, 5000 Weg, 088 97 97 79

Bewaar dit gegevensbestand op schijf als H09OEF01g.DOC.

Maak het hoofddocument aan dat u bewaart als H09OEF01h.DOC. Het resultaat moet eruit zien als H09OEF01.DOC in bijlage. De afbeelding vindt u normaal in Mediagalerie. De datum moet de actuele datum zijn. De gegevens m.b.t. de naam en het adres worden ingevuld aan de hand van het gegevensbestand.

Voeg beide bestanden samen en druk het exemplaar met uw eigen naam af. De samenvoeging bewaart u onder de naam H09OEF01.DOC.

Oefening 2

We willen de volgende telefoonlijst maken.

Telefoonlijst¶

```
Roger·Frans...........................................→...........................014·71·60·01¶
Jef·Salaat.............................................→...........................011·58·69·69¶
Mie·Knoet.............................................→...........................056·33·66·99¶
Joop·Zoetemelk.....................................→...........................¶
Dai·Verstoppen......................................→...........................088·97·97·97¶
```

De voornaam, naam en telefoonnummer komen uit het gegevensbestand. Het gegevensbestand is hetzelfde als in de vorige oefening.

Bewaar het hoofddocument op schijf onder de naam H09OEF02h.DOC. Het resultaat bewaart u onder H09OEF02.DOC.

Oefening 3

Indien u wenst dat de opgenomen velden in een document worden bijgewerkt vooraleer u het document afdrukt, dan kan u dit instellen. Zoek de juiste optie op.

Oefening 4

We hebben in de cursus een aantal functietoetsen gezien. Indien u moeilijkheden hebt om deze te onthouden, kan u de werkbalk *Functietoetsweergave* op het scherm plaatsen. Probeer dit uit.

Bijlagen

U vindt op de volgende bladzijden de uitgewerkte voorbeelden en oefeningen waarnaar in de cursus verwezen is.

We hebben reeds enkele keren de term DOS-programma's en Windows-programma's gebruikt.

Met een DOS-programma bedoelen we een programma dat ontwikkeld is om te kunnen draaien onder MS-DOS. U hoeft Windows niet te gebruiken. De meeste DOS-programma's kunnen echter ook vanuit Windows gestart worden.

Een Windows-programma is een programma dat speciaal werd ontwikkeld om te kunnen gebruiken onder Windows. Meer nog, u kunt het zonder dat u over Windows beschikt niet draaien. Bij de meeste pakketten wordt duidelijk vermeld of het om een Windows-programma of een DOS-programma gaat.

Computercursussen K. NAP
Welkomstraat 5
2440 GEEL

014 58 58 58

Willy Dehaene
Dekemper 9
9000 GENT

uw bericht van	uw kenmerk	ons kenmerk	Geel
2004-06-02	e-mail	ROF/04124	2004-07-12

Geachte heer

Naar aanleiding van uw schrijven van 2 juni jl. kan ik u bevestigen dat wij over <u>zeer goede cursussen</u> beschikken over Word 2003. De prijzen zijn bovendien zeer scherp.

- **Word 2003 1/3 - € 15,00**
  Deze cursus is bedoeld voor cursisten die nog niet met Word hebben gewerkt. Een elementaire basiskennis van Windows is wenselijk maar niet noodzakelijk.
- **Word 2003 2/3 - € 15,00**
  De cursus is een vervolg op de beginnerscursus. Een grondige kennis van de inleidende cursus is vereist. In dit deel komen o.a. sjablonen, opmaakprofielen, het maken van inhoudstafels, … aan bod.
- **Word 2003 3/3 - € 15,00**
  In het derde deel leren we werken met de hulpprogramma's zoals de vergelijkseditor, WordArt, … Ook komt het werken met macro's aan bod.

In bijlage vindt u de inhoudstafels van de drie cursussen.

Wij hopen u hiermee van dienst te zijn.

Hoogachtend,

Karel Nap
Zaakvoerder

Snoep TeGoed BVBA   9 juni 2004
Marsepeinstraat 5
9000 GENT
09 123 45 67

_____

Aan de collega's van
Snoep TeGoed BVBA

Personeelsfeest

Beste collega,

Het is juni.Het werkjaar zit er bijna op. Ook dit jaar organiseren we weer een personeelsfeest.
Wij rekenen op eenzelfde opkomst en succes als vorig jaar!

Na een heerlijk diner zal er, zoals vorig jaar, de gelegenheid zijn om de benen uit te strekken
op de dansvloer. De muziek wordt deze keer verzorgd door de minder bekende, maar zeker
niet minder sfeermakende groep *Swing it Off*.

Enkele inlichtingen

- Datum en uur: zaterdag 3 juli 2004 om 20:00 uur
- Plaats: *Het schurend scharniertje*, Markt 5, 9000 Gent
- Inschrijven doe je voor 30 juni bij **Pros Per** of op de **personeelsdienst** (tussen 9:00 en 12:00 uur)
- Kostprijs per persoon

     Diner (drank inbegrepen)........... 40,00
     Bijdrage muziekgroep................. 8,25

     Totaal...................................... 48,25

- Het menu vindt u op de volgende bladzijde. De wijn die u tijdens het diner gebruikt
  gebruikt, is in de prijs inbegrepen.

Iedereen is van harte welkom!

Pros Per
Dienst Vrije Tijd

Menu

Uitgebreid dessertenbuffet

***

Mousse van roze zalm op een bedje van vers tuingarnituur

***

Consommé met kruidige pannenkoekenreepjes

***

Tournedos Stroganoff met pommes Duchesses

***

Mokka

***

Sorbet van passievruchten overgoten met een vleugje champagne

***

Aperitief met hapjes

***

Gegratineerd vispannetje

Wagene, 7 juli 2001

Voor: Victor Rambo
Woestijnstraat 101
1122 HOLSBEEK

Van: Jef Bumper
Occasiebaan 2
2964 Wagene
011 55 11 55

Betreft: Uw aanvraag van 15/6 voor een overzicht van alle in stock zijnde occasies.

Merk	Type	Bouwjaar	Kilometerstand	Prijs (incl. BTW)
Jeep	4x4	1996	44 054	4 000,00
Daihatsu	Feroza DX	1997	24 200	800,00
Daihatsu	Feroza XL	1998	35 775	8 200,00
Suzuki	Vitara	1999	57 000	7 400,00
Suzuki	Samurai	1998	7 500	30 000,00
Nissan	Patrol	1999	45 000	12 100,00
Nissan	Terrano	1998	2 600	2 000,00
Mitsubishi	Pajero	1999	60 000	25 000,00
Toyota	4runner	1997	40 000	1 200,00
Opel	Frontera	1996	120 000	800,00

Voor meer gedetailleerde informatie kan u elke werkdag tussen 8.00 uur en 18.30 uur bij ons terecht. U kan ook een afspraak maken. Indien u een proefrit wenst te maken, kan dit best na telefonisch onderhoud.

Beleefde groeten,

Jef Bumper

U wordt vriendelijk uitgenodigd op de **open-deur-dagen** van het opleidingsinstituut **Beregoed** op 2 en 3 oktober e.k. We stellen u elk half uur het nieuwe cursusprogramma voor. U hebt achteraf de gelegenheid om te praten met de cursusbegeleiders. Hartelijk welkom!

U wordt vriendelijk uitgenodigd op de **open-deur-dagen** van het opleidingsinstituut **Beregoed** op 2 en 3 oktober e.k. We stellen u elk half uur het nieuwe cursusprogramma voor. U hebt achteraf de gelegenheid om te praten met de cursusbegeleiders. Hartelijk welkom!

U wordt vriendelijk uitgenodigd op de **open-deur-dagen** van het opleidingsinstituut **Beregoed** op 2 en 3 oktober e.k. We stellen u elk half uur het nieuwe cursusprogramma voor. U hebt achteraf de gelegenheid om te praten met de cursusbegeleiders. Hartelijk welkom!

U wordt vriendelijk uitgenodigd op de **open-deur-dagen** van het opleidingsinstituut **Beregoed** op 2 en 3 oktober e.k. We stellen u elk half uur het nieuwe cursusprogramma voor. U hebt achteraf de gelegenheid om te praten met de cursusbegeleiders. Hartelijk welkom!

U wordt vriendelijk uitgenodigd op de **open-deur-dagen** van het opleidingsinstituut **Beregoed** op 2 en 3 oktober e.k. We stellen u elk half uur het nieuwe cursusprogramma voor. U hebt achteraf de gelegenheid om te praten met de cursusbegeleiders. Hartelijk welkom!

U wordt vriendelijk uitgenodigd op de **open-deur-dagen** van het opleidingsinstituut **Beregoed** op 2 en 3 oktober e.k. We stellen u elk half uur het nieuwe cursusprogramma voor. U hebt achteraf de gelegenheid om te praten met de cursusbegeleiders. Hartelijk welkom!

U wordt vriendelijk uitgenodigd op de **open-deur-dagen** van het opleidingsinstituut **Beregoed** op 2 en 3 oktober e.k. We stellen u elk half uur het nieuwe cursusprogramma voor. U hebt achteraf de gelegenheid om te praten met de cursusbegeleiders. Hartelijk welkom!

U wordt vriendelijk uitgenodigd op de **open-deur-dagen** van het opleidingsinstituut **Beregoed** op 2 en 3 oktober e.k. We stellen u elk half uur het nieuwe cursusprogramma voor. U hebt achteraf de gelegenheid om te praten met de cursusbegeleiders. Hartelijk welkom!

U wordt vriendelijk uitgenodigd op de **open-deur-dagen** van het opleidingsinstituut **Beregoed** op 2 en 3 oktober e.k. We stellen u elk half uur het nieuwe cursusprogramma voor. U hebt achteraf de gelegenheid om te praten met de cursusbegeleiders. Hartelijk welkom!

<u>Menu</u>

Aperitief met hapjes

***

Mousse van roze zalm op een bedje van vers tuingarnituur

***

Consommé met kruidige pannenkoekenreepjes

***

Sorbet van passievruchten overgoten met een vleugje champagne

***

Gegratineerd vispannetje

***

Tournedos Stroganoff met pommes Duchesses

***

Uitgebreid dessertenbuffet

***

Mokka

Snoep TeGoed BVBA   9 juni 2004
Marsepeinstraat 5
9000 GENT
09 123 45 67

Aan de collega's van
Snoep TeGoed BVBA

Personeelsfeest

Beste collega,

Het is juni… Het werkjaar zit er bijna op. Ook dit jaar organiseren we weer een
personeelsfeest. Wij rekenen op eenzelfde opkomst en succes als vorig jaar!

Na een heerlijk diner zal, zoals vorig jaar, de gelegenheid zijn om de benen uit te strekken op
de dansvloer. De muziek wordt deze keer verzorgd door de minder bekende, maar zeker niet
minder sfeermakende groep *Swing it Off*.

Enkele inlichtingen

- Plaats: ***Het schurend scharniertje***, Markt 5, 9000 Gent
- Datum en uur: zaterdag 3 juli 2004 om 20:00 uur
- Het menu vindt u op de volgende bladzijde. De wijn die u tijdens het diner gebruikt
  gebruikt, is in de prijs inbegrepen.
- Kostprijs per persoon

        Diner (drank inbegrepen)........... 40,00
        Bijdrage muziekgroep.................. 8,25

        Totaal..................................... 48,25

- Inschrijven doe je voor 30 juni bij **Pros Per** of op de **personeelsdienst** (tussen 9:00 en
  12:00 uur)

Iedereen is van harte welkom!

Pros Per
Dienst Vrije Tijd

Menu

Aperitief met hapjes

***

Mousse van roze zalm op een bedje van vers tuingarnituur

***

Consommé met kruidige pannenkoekenreepjes

***

Sorbet van passievruchten overgoten met een vleugje champagne

***

Gegratineerd vispannetje

***

Tournedos Stroganoff met pommes Duchesses

***

Uitgebreid dessertenbuffet

***

Mokka

De koffiekas
Kantinelaan 3
1234 Schuit SCHUIT
Tel: 012 12 34 56
Fax: 012 78 90 12

Schuit, 2004-07-01

Aan Wilfried Anciaux

Beste collega,

Gelieve een bedrag van 8 EUR te betalen als bijdrage in de onkosten voor de koffie die u vorige maand verbruikte.

Het bedrag kan u, zoals gewoonlijk trouwens, aan mij persoonlijk overhandigen, of in een envelop deponeren in mijn brievenbus.

Ik maak van de gelegenheid gebruik om u op de hoogte te stellen dat op 1 september e.k. ons nieuw koffielokaal, met een oppervlakte van 300 m^2, klaar zal zijn.

Met vriendelijke groet,

D. Rinker

Deze alinea is getypt met de keuze *Links uitlijnen*. U kunt deze keuze verkrijgen m.b.v. een knop uit de werkbalk *Opmaak* maar ook met behulp van de menukeuzen *Opmaak / Alinea*. De tekst heeft enkel links een strakke kantlijn. De standaardinstelling in het Nederlandstalige pakket is trouwens *Links uitlijnen*. In Word ziet u ook op het scherm hoe tekst is uitgelijnd.

Deze alinea is getypt met de keuze *Centreren*. U kunt deze keuze verkrijgen m.b.v. een knop uit de werkbalk *Opmaak* maar ook met behulp van de menukeuzen *Opmaak / Alinea*. De tekst heeft geen strakke kantlijn. De standaardinstelling in het Nederlandstalige pakket is echter *Links uitlijnen*. In Word ziet u ook op het scherm hoe tekst is uitgelijnd.

Deze alinea is getypt met de keuze *Rechts uitlijnen*. U kunt deze keuze verkrijgen m.b.v. een knop uit de werkbalk *Opmaak* maar ook met behulp van de menukeuzen *Opmaak / Alinea*. De tekst heeft enkel rechts een strakke kantlijn. De standaardinstelling in het Nederlandstalige pakket is echter *Links uitlijnen*. In Word ziet u ook op het scherm hoe tekst is uitgelijnd.

Deze alinea is getypt met de keuze *Uitvullen*. U kunt deze keuze verkrijgen m.b.v. een knop uit de werkbalk *Opmaak* maar ook met behulp van de menukeuzen *Opmaak / Alinea*. De tekst heeft zowel links als rechts een strakke kantlijn. De standaardinstelling in het Nederlandstalige pakket is echter *Links uitlijnen*. In Word ziet u ook op het scherm hoe tekst is uitgelijnd.

Deze alinea is niet ingesprongen. We hebben ze gewoon ingetypt om het verschil met de twee volgende technieken duidelijk te stellen.

Deze alinea is ingesprongen met de optie *Eerste regel*. U merkt dat de eerste regel van de paragraaf wordt ingesprongen. De overige regels van de paragraaf beginnen opnieuw vanaf de linker marge.

Deze alinea is ingesprongen met de optie *Verkeerd-om met 1,25 cm*. U merkt dat de eerste regel van de paragraaf niet wordt ingesprongen. De overige regels van de paragraaf springen wel in. Deze techniek kunt u ook gebruiken om opsommingen te realiseren.

- Voor deze opsomming hebben we een spatie getypt, een streepje en daarna op de Tab-toets gedrukt. Deze tekst van de eerste regel begint bij de eerstvolgende tab-positie. Indien u wenst dat alle regels netjes onder mekaar staan, moet de tabpositie wel overeenkomen met de inspringing die u opgeeft in het tabblad *Inspringingen en Afstand* bij *Verkeerd-om*.

- We geven een tweede inspringing om het effect duidelijk weer te geven. Indien we de optie bij *Speciaal* niet wijzigen, blijven ook de volgende paragrafen ingesprongen

Dit is weer een alinea met *Verkeerd om*. De realisatie gebeurde nu niet meer m.b.v. menukeuzen, maar m.b.v. de sneltoets Ctrl+T. Om de inspringingen teniet te doen, drukt u op Ctrl+Shift+T.

Dit is een linkse inspringing. We hebben ze al eerder in deze cursus ontmoet. U verkrijgt ze door op de knop *Inspringing vergroten* van de werkbalk *Opmaak* te klikken. U kunt ook de sneltoets Ctrl+M gebruiken. Om de inspringing teniet te doen, drukt u op Ctrl+Shift+M. U kunt meerdere keren op Ctrl+M drukken om bij een verdere tabstop in te springen. Met Ctrl+Shift+M keert u telkens één tab-positie terug.

Solden

Vanaf zaterdag 3 juli om 9:30 uur geven wij het startschot voor onze trouwe klanten.

Marc's Fashion
Droomstraat 5
2000 ANTWERPEN

Openingsuren
Zaterdag 3 juli 9:30-18:00 uur
Zondag 4 juli 10:00-18:00 uur
Maandag 5 juli 9:30-20:00 uur

<u>De optie *Inspringen / Speciaal* in het tabblad *Inspringingen en afstand*</u>

In het tabblad *Inspringingen en afstand* hebben we de optie *Speciaal* besproken. We hebben hier 3 mogelijkheden:

(geen)   De alinea wordt niet ingesprongen. U start bij de linkermarge.

Eerste regel   De eerste regel van de alinea wordt ingesprongen. De overige regels van de paragraaf beginnen opnieuw vanaf de linkermarge.

Verkeerd-om   De eerste regel van de alinea wordt niet ingesprongen; de overige regels wel. U kunt ook de toetsencombinatie Ctrl+T gebruiken om een *verkeerd-om*-inspringing te verwezenlijken. Ctrl+Shift+T heft een *verkeerd-om*-inspringing op.

In het bovenstaande voorbeeld is een *verkeerd-om*-inspringing gebruikt. De eerste regel begint op de tabpositie van 3 cm omdat de Tab-toets gebruikt is.

Deel 1

De voornaamste tekstverwerkingspakketten onder Windows zijn:

- *Word* van de firma *Microsoft*. Het meest gebruikte tekstverwerkingspakket onder Windows is ongetwijfeld *Microsoft Word*. Het maakt deel uit van de bundel *Microsoft Office*.
- *WordPerfect* van de firma *Corel*. WordPerfect was het meest gebruikte tekstverwerkingspakket onder MS-DOS. Het heeft echter zijn populariteit verloren met de versies onder Windows. WordPerfect maakt deel uit van de bundel *WordPerfect Office Suite*.
- *Word Pro* van de firma Lotus. Het pakket is duidelijk minder krachtig dan de twee andere pakketten. Het maakt deel uit van de bundel *Lotus SmartSuite*.

Deel 2

Enkele gekende database-pakketten onder Windows zijn:

- ♥ Access
- ♥ dBase
- ♥ FoxPro

Deel 3

De voornaamste tekstverwerkingspakketten onder Windows zijn:

- *Word* van de firma *Microsoft*.
  Het meest gebruikte tekstverwerkingspakket onder Windows is ongetwijfeld *Microsoft Word*. Het maakt deel uit van de bundel *Microsoft Office*.
- *WordPerfect* van de firma *Corel*.
  WordPerfect was het meest gebruikte tekstverwerkingspakket onder MS-DOS. Het heeft echter zijn populariteit verloren met de versies onder Windows. WordPerfect maakt deel uit van de bundel *WordPerfect Office Suite*.
- *Word Pro* van de firma Lotus.
  Het pakket is duidelijk minder krachtig dan de twee andere pakketten. Het maakt deel uit van de bundel *Lotus SmartSuite*.

Deel 1

De voornaamste tekstverwerkingspakketten onder Windows zijn:

1) *Word* van de firma *Microsoft*. Het meest gebruikte tekstverwerkingspakket onder Windows is ongetwijfeld *Microsoft Word*. Het maakt deel uit van de bundel *Microsoft Office*.
2) *WordPerfect* van de firma *Corel*. WordPerfect was het meest gebruikte tekstverwerkingspakket onder MS-DOS. Het heeft echter zijn populariteit verloren met de versies onder Windows. WordPerfect maakt deel uit van de bundel *WordPerfect Office Suite*.
3) *Word Pro* van de firma Lotus. Het pakket is duidelijk minder krachtig dan de twee andere pakketten. Het maakt deel uit van de bundel *Lotus SmartSuite*.

Deel 2

Enkele gekende database-pakketten onder Windows zijn:

a. Access
b. dBase
c. FoxPro

Deel 3

De voornaamste tekstverwerkingspakketten onder Windows zijn:

1) *Word* van de firma *Microsoft*.
   Het meest gebruikte tekstverwerkingspakket onder Windows is ongetwijfeld *Microsoft Word*. Het maakt deel uit van de bundel *Microsoft Office*.
2) *WordPerfect* van de firma *Corel*.
   WordPerfect was het meest gebruikte tekstverwerkingspakket onder MS-DOS. Het heeft echter zijn populariteit verloren met de versies onder Windows. WordPerfect maakt deel uit van de bundel *WordPerfect Office Suite*.
3) *Word Pro* van de firma Lotus.
   Het pakket is duidelijk minder krachtig dan de twee andere pakketten. Het maakt deel uit van de bundel *Lotus SmartSuite*.

De meest gekende pakketten zijn:

1) Tekstverwerkingspakketten
   - Word
   - WordPerfect
   - Word Pro

2) Database-pakketten
   - Access
   - dBase
   - FoxPro

3) Spreadsheets
   - Excel
   - Lotus 1-2-3
   - QuattroPro

Geschiedenisles
MS-DOS

IBM introduceerde in 1981 haar personal computer. Op dat moment draaiden de meeste microcomputers onder het besturingssysteem CP/M. IBM gaf aan de softwarefirma Microsoft de opdracht een besturingssysteem te ontwikkelen. Microsoft ontwikkelde de eerste versie van PC-DOS (Personal Computer Disk Operating System). PC-DOS is het besturingssysteem voor personal computers van IBM. Het was gebaseerd op het besturingssysteem CP/M.

Andere computermerken maakten van het succes van de personal computer van IBM gebruik en gingen gelijkwaardige computers bouwen. We spreken van IBM compatibele computers. De versie van PC-DOS die door Microsoft verspreid wordt onder alle andere computermerken - en slechts op enkele hulpprogramma's na afwijkt van PC-DOS - wordt MS-DOS genoemd (Microsoft Disk Operating System).

Een compatibele computer noemt men ook wel een kloon, hoewel meestal deze term enkel voor merkloze systemen gebruikt wordt.

Een IBM compatibele computer draait het besturingssysteem MS-DOS. Soms spreekt men daarom ook over MS-DOS compatibele computers, zeker nu IBM zelf een ander besturingssysteem probeert te lanceren, nl. OS/2.

In de loop der jaren werden verschillende nieuwe versies van MS-DOS op de markt gebracht. De versie die op dit moment nog het meest gebruikt wordt is MS-DOS 5.0. MS-DOS 5.0 werd in 1991 geïntroduceerd en heeft meer succes. De versie heeft een aantal extra programma's om schijven beter te beheren, het werken met meer intern geheugen is vereenvoudigd, een nieuwe completere DOS-shell is bijgeleverd, een schermeditor EDIT is voorzien, on-line help, diskettes van 2,88 MByte worden ondersteund, ...

MS-DOS 6.0 staat reeds in de startblokken... We wachten af.

MS-Windows
MS-DOS heeft als grote nadeel niet erg gebruikersvriendelijk te zijn. De gebruiker moet veel (al of niet lastige) commando's van buiten kennen. Om b.v. een diskette van 720 KByte te formatteren in een drive van 1,44 MB moet u het commando

FORMAT A: /F:720

geven. Dit is een eenvoudig MS-DOS-commando...

In MS-Windows wordt u geleid via menu's. U hoeft de commando's niet meer van buiten te kennen. Het vertrouwd geraken in het menusysteem van MS-Windows blijkt voor de meeste (beginnende) gebruikers niet zo moeilijk te zijn.

MS-Windows is pas de laatste jaren populair geworden. Het pakket werd echter reeds aangekondigd in 1983! De eerste versie van MS-Windows verscheen in 1985. De computers van die tijd waren echter niet krachtig genoeg om zinvol met een dergelijk pakket te werken.

Versie 2.0 werd in 1987 gelanceerd. De versie werd geïntroduceerd voor de 80286-processor als Windows/286 en voor de processor 80386 als Windows/386. De eerste typische Windows-programma's werden rond die tijd ook ontwikkeld: Microsoft Excel en Aldus Pagemaker.

Pas in 1990, met de introductie van MS-Windows 3.0, kende MS-Windows een echte doorbraak. In MS-DOS kunnen programma's (zonder speciale trucs) slechts gebruik maken van 640 Kbyte intern geheugen. De nieuwe versie van MS-Windows doorbreekt dit fenomeen. Indien een computer over meer geheugen beschikt, kan Windows hier gebruik van maken.

De voornaamste voordelen van MS-Windows 3.0 t.o.v. MS-DOS zijn de volgende:

- De gebruiker moet niet meer de verschillende commando's kennen. MS-Windows maakt gebruik van een grafisch georiënteerde omgeving. De gebruiker kan kiezen uit menu's. Dit doet hij door met de muis een bepaalde menukeuze aan te klikken.

- De verschillende programma's die speciaal voor MS-Windows worden ontwikkeld, werken vrijwel op dezelfde manier. Microsoft heeft immers een aantal afspraken gepubliceerd die moeten gebruikt worden voor alle Windows-toepassingen. Deze afspraken zijn gekend als CUA (Common User Access) en hebben o.a. betrekking op de plaats van de menu's en opties, de muisacties...

Door het feit dat elk Windows-programma zich aan dezelfde afspraken houdt, wordt het voor de gebruiker eenvoudiger om een programma aan te leren.

- In Windows hebt u het principe van WYSIWYG (What You See Is What You Get). Wat u op het scherm ziet, komt (bijna) overeen met hetgeen u uiteindelijk verkrijgt op papier. Indien u een groter lettertype gebruikt in een tekst, wordt dit ook groter op het scherm afgebeeld, ...

- U kunt gegevens die u in één pakket maakt, linken aan een andere toepassing. Zo kunt u b.v. in een tekstverwerkingspakket naar een figuur verwijzen die in een tekenpakket is gemaakt. Als u de tekening wijzigt, wordt automatisch de wijziging ook doorgevoerd in het document van het tekstverwerkingspakket. We spreken van DDE (Dynamic Data Exchange).

- in MS-Windows beschikt u over multitasking-mogelijkheden, tenminste indien u beschikt over een 80386-processor (of hoger). Dit betekent dat u meerdere toepassingen tegelijkertijd kunt draaien. Eigenlijk wordt de processortijd verdeeld over de verschillende toepassingen. De gebruiker merkt daar echter (bijna) niets van. Zo kunt u b.v. in een tekstverwerkingspakket een brief typen terwijl een databasepakket een zoekactie uitvoert.

Indien u MS-Windows draait op een 80286 kunt u ook meerdere toepassingen tegelijkertijd openen. Indien u met één toepassing werkt, liggen de andere echter stil. We spreken in dit geval van multiloading.

- Indien u een printer gebruikt, moet hiervoor een stuurprogramma of device driver zijn. Dit stuurprogramma wordt dan door het programma aangesproken om de printopdracht uit te voeren. In MS-DOS heeft elke toepassing zijn stuurprogramma's voor een printer. Dit betekent dat u bij het kopen van een andere printer voor elk DOS-programma een andere printer moet selecteren. In Windows maakt elk programma gebruik van hetzelfde stuurprogramma zodat u slechts één enkele stuurprogramma hoeft te installeren.

De meeste programma's die voor MS-DOS ontwikkeld zijn, kunt u ook draaien onder MS-Windows.

Deze cursus handelt over MS-Windows 3.1, de opvolger van versie 3.0. In deze versie werden heel wat verfijningen aangebracht. Ook zijn een aantal extra's toegevoegd.

- Windows 3.1 is nu in staat om True Type fonts te hanteren. Dit zijn schaalbare lettertypes die u zowel op het scherm als op de printer kunt gebruiken. Het principe van TrueType fonts is bovendien een open technologie. De manier waarop deze fonts gemaakt moeten worden, is m.a.w. voor iedereen toegankelijk. Er zijn b.v. ook True Type fonts beschikbaar in het circuit van public domain programma's.

- DOS-programma's die in grafische mode werken, kunnen nu ook in een venster gedraaid worden. In de vorige versie konden enkel tekstgeoriënteerde DOS-programma's in een venster worden gedraaid. Dit kan enkel voor een computer van het type 80386 of hoger.

- Windows 3.1 ondersteunt nu OLE (Object Linking and Embedding). Gegevens worden dan als objecten benaderd. Indien u b.v. een figuur opneemt in een tekstverwerkingspakket kunt u de toepassing waarmee de figuur is aangemaakt, rechtstreeks staren vanuit het tekstverwerkingspakket. U kunt dan de figuur eventueel bijwerken. Dit kan echter niet alleen voor figuren maar ook voor tekst, een spreadsheet,... OLE gaat verder dan DDE.

- Windows 3.1 heeft nu ook mogelijkheden m.b.t. multimedia. Met het pakket worden een aantal besturingsprogramma's meegeleverd om geluid en muziek te produceren,... Onder multimedia verstaan we het door elkaar gebruiken van allerlei technologieën: bewegende of stilstaande videobeelden, geluid, tekst,...

MS-Windows heeft ook een nadeel. U moet nl. over een krachtige computerconfiguratie beschikken om Windows op een aangename manier te kunnen gebruiken. Hoewel Windows draait op een systeem met een 80386-processor is een 80386-processor geen overbodige luxe. De toepassingen die u onder Windows draait, vergen bovendien enorm veel schijfruimte. Een harde schijf van minstens 80 a 100 MByte is noodzakelijk. Ook een VGA-kaart is bijna noodzakelijk.

Cursusproductiehuis CSPH
Ter Vest 3
3000 LEUVEN

Leuven, 2004-08-30

Roger Frans
Olmensebaan 66
2490 BALEN

Geachte heer Frans

Wij ontvingen de cursustekst voor uw cursus *CorelDraw 12!* In de indeling van de cursus zouden wij in het tweede hoofdstuk graag volgende indeling hebben:

2. **In het circus**

    2.1. **Inleiding**

    2.2. **Instellen bladzijde**

    2.3. **Een rechthoek bewerken**

        2.3.1. **Een rechthoek tekenen vanuit het centrum**

        2.3.2. **Een rechthoek verkleinen of vergroten**

    2.4. **Ongedaan maken**

    2.5. **Een cirkel tekenen vanuit het centrum**

Met vriendelijke groet,

C. Ursus
diensthoofd

Bijlage: uw kopij
CC: redactiesecretaris

Uitnodiging

Beste inwoners,

Naar aanleiding van het 101ste ongeval in onze gemeente als gevolg van onvoorzichtig en agressief rijgedrag van menig bestuurder, nodigen wij u uit op een spreekbeurt in de grote vergaderzaal van het gemeentehuis.

De voordracht is getiteld 'Mad Max' en wordt gepresenteerd door K. Brusselmans, criminoloog aan de K.U.Leuven. *Hoe om te gaan met agressief rijgedrag* is één van de onderwerpen waarover de voordracht zal handelen. Na de voordracht volgt een debat waaraan u actief kan deelnemen.

De voordracht vindt plaats op vrijdag 13 april 2004 om 20.00 uur. Inschrijven is niet nodig.

Wij rekenen op een talrijke opkomst, ook van de agressieve rijders onder u.

Hartelijk welkom.

De burgemeester
P. Iraat

Poetsdag – Planning en uurschema

Twee hoofdploegen – helft in D-blok, helft in P-blok

8:30 (eerste sessie)

- Eén persoon vijst de toestellen open met een automatische schroevendraaier. Lokaal na lokaal. Met een stift wordt het nummer dat op de kast van de pc staat ook op het kader van de pc geplaatst (indien dit de vorige keer nog niet gebeurd is). Vijsjes in een assenbak.
- Eén persoon vijst muizen en schermen los en brengt de toestellen naar de gang waar ze uitgeblazen worden. De toetsenborden en muizen worden naar het ploegje 'muizen en toetsenborden' gebracht.
- De 'oude' reeks toetsenborden worden opgevezen en uitgeblazen. De 'nieuwe' reeks toetsenborden blijven dicht. De 'oude' toetsenborden worden daarom ook naar de gang gebracht.
- Twee personen beginnen met schermen te poetsen. De schermen blijven op de tafels staan. Het poetsen van de schermen moet grotendeels gedaan zijn om 10:00 uur vermits de poetsploegen om 10:30 uur komen om de tafels te poetsen.
- De ploeg 'muizen en toetsenborden' zorgt ervoor dat de 'oude' en 'nieuwe' toetsenborden langs de buitenkant worden gepoetst. De muizen worden binnen en buiten gepoetst. Indien het nummer van het toetsenbord nog niet linksboven op het toetsenbord staat, doet u dit.

10:30 (tweede sessie)

- Afwerken taken eerste sessie.
- De ploeg schermen poetsen helpt bij de ploeg 'muizen en toetsenborden'.
- De toestellen en toetsenborden die uitgeblazen zijn worden terug dichtgevezen.
- Kasten in de lokalen controleren (oud materiaal eruit – voorlopig naar bergkot).
- Afkuisen pc's aan buitenkant – eventueel nummer opnieuw noteren indien niet goed leesbaar.

13:00 uur (derde sessie)

- In de lokalen waar de tafels proper zijn, worden de toestellen terug geplaatst. Zorg er voor dat de aansluitingen van de muis en scherm goed vast zitten. Gebruik hiervoor een potsleuteltje.
- Stekkerdozen met 'gaatjes' moeten overal vervangen worden door gewone stekkerdozen. Er mogen meerdere toestellen op één stekkerdoos aangesloten worden.
- In de lokalen waar geen kabelgoten aan de tafels zijn, worden de kabels aan de tafels vastgemaakt met speciale strips. Indien de UTP-kabel te lang of te kort is, vervangt u deze best.

15:00 uur (vierde sessie)

- Boxen plaatsen in lokalen waar nog geen boxen aan toestel hangen.
- Testen op virussen – AVP
- Controle of er overal muismatjes liggen
- D112 – nummers tafels opnieuw erop – plastiekjes erop
- Nummering tafels overal ok?
- Wachtwoorden op BIOS controleren.
- D002 en D111: werking cd-romstations controleren
- (Wisselen stoelen tussen D002 en D111 (rolstoelen in zelfde lokaal, andere stoelen in zelfde lokaal)
- Toestellen van het type 80486: test op Y2K-probleem – noteren van de geteste toestellen en resultaat (toestellen D101, P108Y, labo 80486).
- Controle cilinder 2de deur D111.

16:30 (vijfde sessie)

Nieuwjaarsborrel met vreugdekreten.

Materiaal

- 2 asbakken voor vijsjes (één in D-blok, één in P-blok)
- potsleutels (één in D-blok, één in P-blok)
- strips
- stekkerdozen
- stofzuigers
- automatische schroevendraaiers
- glazen wijn
- tassen
- servetten
-

Versnaperingen en broodjes

Tijdens de pauzes (voormiddag, namiddag)
Versnaperingen receptie
Broodjes bestellen

Drank

Spa prik
Spa plat
Fruitsap
Cola
Limonade

Wijn rood
Wijn wit
Wijn rosé

Maxima temperaturen 2004		
Maand	Laagste temperatuur	Hoogste temperatuur
Januari	-5	7
Februari	-10	11
Maart	-1	15
April	2	14
Mei	-1	25

Maxima temperaturen 2004		
Maand	Laagste temperatuur	Hoogste temperatuur
Januari	-5	7
Februari	-10	11
Maart	-1	15
April	2	14
Mei	-1	25

	Maxima temperaturen 2004	
Maand	Laagste temperatuur	Hoogste temperatuur
Januari	-5	7
Februari	-10	11
Maart	-1	15
April	2	14
Mei	-1	25

Studiedag nieuwe informatietechnologieën

Op donderdag 9 september 1997 organiseert de sectie Schoolbibliotheken in de centrale bibliotheek van het Hoger Instituut van Vlaanderen een studiedag over nieuwe informatietechnologieën.

Programma:

09:30 uur	Onthaal	
10:30 uur	CD-ROM: Algemene inleiding en schets van de mogelijkheden voor de hogeschoolmediatheek.	Joris Vanvelthoven
11:00 uur	CD-ROM in een netwerkomgeving	Jef Van de Water
12:00 uur	Gelegenheid tot vragen stellen	
12:30 uur	Lunch met mogelijkheid tot het bezoeken van de mediatheek en tot on line opzoeken in VLACC, LIBIS-Net, de eigen catalogus en demonstratie van databankgebruik (on line of CD-ROM).	
14:00 uur	Algemene inleiding tot datacommunicatie en introductie tot de mogelijkheden van Internet.	Els Philips
15:00 uur	Navigeren door Internet met Gopher en World Wide Web.	Jan Langhorst
16:00 uur	Gelegenheid tot vragen stellen.	
16:30 uur	Einde	

De voordrachten zullen geïllustreerd worden met uitgebreide demonstraties.

De studiedag staat open voor alle geïnteresseerden. Wij verwachten niet enkel deelnemers uit hogeschoolbibliotheken maar ook uit documentatiecentra of openbare bibliotheken.

U kan zich inschrijven met bijgevoegd formulier.

Deze avond in de bioscoop van Hasselt

Fishing in the rain

Steven Cing

20.00 uur

hocoChiChi BVBA

ocolateriestraat 34

0 ANTWEPEN

l: 03 123 45 67

x: 03 890 12 34

RA: 86.730

W: BE 493.485.128

nk: 321-4321234-56

ctuurnummer: ………………………

tum: ……………………………   BTW-nummer klant: …………………………..

r verkoop en leveringvan het volgende, betaalbaar te Antwerpen.

Aantal	Omschrijving	Eenheidsprijs	Totaal
			TOTAAL
			BTW %
			TOTAAL TE BETALEN

Feestcomité ' De feestneuzen'

Brasstraat 1
1234 LACHEN
Tel: 033 44 55 66

Lachen, 12 juli 2004

Aan   Roger Frans
       Olmensebaan 66
       2490 Balen

Beste Roger

Ziet u ook al uit naar onze volgende festiviteit? We laten u niet langer wachten. Op zondag 30 december e.k. maken we een gezinsuitstap naar de Hoge Venen. We vertrekken aan ons lokaal om 8.00 uur.

Na een avontuurlijke **overlevingstocht** die Jos weer prachtig georganiseerd heeft, puffen we ter plaatse uit bij een heerlijke **barbecue**.

Inschrijven doet u *voor 20 december* bij Jos. Afrekenen doen we zoals steeds ter plaatse.

Wilt u ook zo vriendelijk zijn uw telefoonnummer te controleren op de bijgevoegde lijst. Indien deze niet is ingevuld of foutief is, kunt u de wijziging best zo snel mogelijk doorgeven aan onze secretaris.

Met vriendelijke groeten en tot 'feests',

Het feestcomité

Trefwoordenregister